EMPODERE-SE

Maynara Fanucci

CRIADORA DA @EMPODEREDUASMULHERES,
COM MAIS DE 1 MILHÃO DE SEGUIDORES NO FACEBOOK

EMPODERE-SE

100 desafios feministas para reconhecer sua própria força e viver melhor

Benvirá

Preparação: Lorena Vicini
Revisão: Vivian Miwa Matsushita
Diagramação e projeto gráfico: Simone Fernandes
Ilustrações de miolo e capa: Papoulas Douradas
Capa: Simone Fernandes e Deborah Mattos
Imagem de capa (fundo): Sergii Kateryniuk/Thinkstock
Impressão e acabamento: Edições Loyola

Dados Internacionais de Catalogação na Publicação (CIP)
Angélica Ilacqua CRB-8/7057

Fanucci, Maynara

Empodere-se: 100 desafios feministas para reconhecer sua própria força e viver melhor / Maynara Fanucci; ilustrado por [Papoulas Douradas]. – São Paulo: Benvirá, 2018.

240 p. : il.

ISBN 978-85-5717-243-2

1. Mulheres - Poder 2. Feminismo 3. Autoconhecimento 4. Autoestima I. Título II. Papoulas Douradas

18-0581 CDD 305.42
CDU 396

Índices para catálogo sistemático:
1. Feminismo

1ª edição, junho de 2018 | 2ª tiragem, junho de 2019

Av. Doutora Ruth Cardoso, 7221, 1º Andar, Setor B
Pinheiros – São Paulo – SP – CEP: 05425-902

SAC: sac.sets@somoseducacao.com.br

CÓDIGO DA OBRA 603758 CL 670772 CAE 627312

Não, você não está só – nem nunca estará. Enquanto eu conto minhas histórias, busque em si como elas conversam com *suas* histórias. Não me procure nessas linhas, mas busque a si mesma.

INTRODUÇÃO

Se você está com este livro em mãos, é porque ele "aconteceu", ou seja: ele é real. E fico imensamente feliz e grata por ver que um projeto que começou lá em 2015, pensado com muito carinho (e exigindo uma dedicação diária desde então), gerou frutos muito além dos que eu havia planejado.

Eu nunca tive um plano concreto para que minha página no Instagram e no Facebook – Empodere Duas Mulheres – ficasse conhecida por tantas pessoas incríveis. Na verdade eu nem pensava nessa possibilidade, porque parecia algo muito distante para um projeto que havia acabado de começar. Mas fico feliz de ver o imenso potencial das redes sociais de expandir canais de comunicação e fazer com que tenhamos a possibilidade de falar e fazer coisas que amamos, porque estar aqui te dizendo essas coisas faz parte do que me faz feliz – e tem sido parte da minha missão nos últimos anos. E nada disso teria frutificado ou sequer seria possível sem você, sem as milhares de pessoas que compartilham sentimentos e pensamentos semelhantes, que comentam na página e disseminam o conteúdo diariamente, em busca de um mundo melhor e mais igualitário para nós, mulheres.

A página começou como um projeto pessoal em que meu maior objetivo era falar sobre feminismo para outras mulheres, desmistificando a ideia errônea e pejorativa que existia em cima do termo e de alguma forma fazendo com que as ideias feministas se espalhassem cada vez mais, de maneira natural e prática. Também queria quebrar a barreira e a constante competição entre nós, criada e alimentada constantemente pela sociedade que nos faz enxergar outras mulheres como inimigas – quando, na verdade, é exatamente o contrário. Disseminar o feminismo e aproximar mulheres pareciam motivos suficientes para começar um movimento. Foi daí também que surgiu o nome da página: Empodere Duas Mulheres. A ideia é que, se você ajudar e empoderar ao menos duas mulheres próximas a você, e elas empoderarem mais duas mulheres cada – e assim por diante –, isso já será suficiente para darmos início a uma grande revolução. Os ideais estariam se multiplicando e gerando frutos a partir de atitudes simples, mas que não necessariamente são aplicadas em nosso dia a dia. Pense em um diagrama em que você pode ser a semente que ramifica ações e ideais transformadores para mulheres à sua volta, e como isso inspira e motiva outras pessoas à sua volta a fazer o mesmo. Esse era o meu principal desejo quando comecei a página – e continua sendo um dos focos até hoje.

O que não te desafia não te faz mudar

Quando comecei a fazer o *Desafio dos 100 Dias* no meu perfil do Instagram, no final de 2017, não tinha pretensão nenhuma – nem fazia ideia de como ele poderia efetivamente atingir as pessoas. Também não sabia se ele seria de alguma forma sequer relevante, principalmente no mundo virtual, onde existem milhares de coisas acontecendo ao mesmo tempo. Na verdade, só dei início a esse projeto porque queria muito voltar a postar com mais frequência. Recentemente eu havia passado por um processo muito pessoal de redescoberta e de aprimoramento, que me levara a um certo recolhimento, mas aí de repente começou a borbulhar dentro de mim a vontade de voltar a fazer o que eu tanto gostava e que me motivava diariamente. O trabalho na minha página ainda era uma parte muito viva dentro de mim. Um belo dia, me peguei pensando em como seria legal me desafiar internamente, de uma maneira positiva, e também fazer isso com outras pessoas – minha ideia era refletir sobre questões internas femininas todos os dias, durante 100 dias, e dividi-las com todo mundo.

Claro que expor nossas questões pessoais nem sempre é um processo fácil, mas pensei em como cada mensagem poderia ajudar outras mulheres de alguma forma. E, se eu pudesse atingir uma pessoa, já me daria por satisfeita, porque meu trabalho teria impactado alguém. E isso já faria tudo valer a pena.

Eu estava cansada de ouvir falar de desafios que propunham mudanças, mas que se resumiam basicamente a começar uma nova dieta alimentar – e ver quanto tempo seria possível ficar nela sem "jacar". Existem mil fórmulas milagrosas que prometem o "corpo ideal", mas poucas são as tentativas de fazer com que mulheres se sintam mais seguras por dentro, ou melhorem sua relação consigo mesmas. Assim, achei que seria muito mais positivo e frutífero se eu me desafiasse a ser uma versão melhor de mim mesma todos os dias, aprimorando questões internas e me levando a crescer e ter mais orgulho de quem sou – o que, na minha opinião, vai muito além de mudar a forma do corpo, por exemplo. Pensei o quanto seria incrível poder passar por esse processo e, quem sabe, dialogar com pessoas que tivessem esse mesmo desejo, ansiando por mudanças e crescimentos pessoais. Para minha surpresa, eu não estava só – e digo isso com pesar no coração, porque antes fosse eu a única mulher no mundo a precisar diariamente de motivação e de uma elevação na autoestima.

Eu amo fazer este tipo de trabalho, mas ao mesmo tempo é duro perceber o quanto nossas inseguranças e medos se repetem, mesmo que nem nos conheçamos. Sem excluir os homens – já que alguns até me mandaram mensagens ao final do desafio, agradecendo o trabalho feito e revelando que se identificaram com muitos dos textos –, sei o quanto nós, mulheres, sofremos intensamente com a maioria dos assuntos abordados ao longo dos 100 dias, o que acaba nos conectando mais ainda.

Confesso que fiquei bastante apreensiva quando anunciei que seriam 100 dias de desafio. Eu tinha pensado em realizá-lo em menos dias, mas 100 pareceu um número cheio e bonito para anunciar como um desafio, além de ser algo que iria além de uma semana ou duas – período que me parecia curto demais para provocar alguma mudança nas pessoas. Lembro-me de ter mandado uma mensagem para um amigo dizendo que eu estava um pouco insegura, porque tinha caído a ficha de que eu havia acabado de propor a mim mesma fazer 100 dias de um desafio que eu não tinha ideia de como seria recebido pelas minhas seguidoras, nem se eu conseguiria levar até o final. Afinal, 100 dias são mais de três meses, né? Ou seja, é um tempo considerável para fazer algo que não estava 100% planejado. Parei para me perguntar qual tinha sido a última coisa que eu conseguira me desafiar a fazer por três meses seguidos, e aí veio o frio na barriga: eu não lembrava a última vez que tinha feito algo por tanto tempo assim!

Acho curioso como, em determinadas situações da nossa vida, ficamos paralisadas por medo, já que não confiamos o suficiente em nós mesmas para achar que conseguiremos realizar algo... Mas aprendi que você não precisa ser corajosa o tempo todo, e sim ter aqueles dez segundos de coragem extrema que te fazem dar um salto sem olhar para trás, rumo a um lugar diferente. E foi o que eu fiz.

Postei o primeiro desafio no Instagram. Curtidas e comentários borbulhavam a cada instante. "Bom, agora preciso decidir qual será a postagem de amanhã", pensei. Acredite se quiser: eu ainda não tinha planejado as frases que postaria a cada dia. Parecia que o desafio ia demorar muito para chegar ao fim, mas era melhor que eu nem pensasse nisso. Eu tinha muita coisa para fazer a partir daquele momento – mais precisamente, criar 99 questões que gerassem reflexão não apenas em mim, mas nas outras pessoas também.

Depois que passou a insegurança inicial, respirei fundo e decidi viver dia após dia, sem sofrer por antecipação, fazendo o melhor que podia em cada momento. Tudo bem se eu não conseguisse fazer alguma postagem, mas prometi a mim mesma que faria meu melhor todos os dias. No fim do projeto, sobraram reflexões, e talvez eu pudesse até continuar o desafio por mais alguns dias – chegando a 200, quem sabe?

A repercussão das postagens foi excelente: muitas pessoas me escreveram pedindo que esse projeto virasse um livro ou um projeto impresso, para que pudessem presentear outras mulheres. E em pouco tempo veio o convite da Benvirá para que eu de fato lançasse um livro! Aqui você encontra boa parte das frases do desafio original, com alguns acréscimos (até por conta dessas reflexões que "sobraram"). Mas a principal diferença do livro é que o texto que acompanha cada frase está muito mais desenvolvido aqui. Espero que isso te ajude a levar essas reflexões para sua própria vida, gerando transformações muito positivas para você e para as mulheres à sua volta.

Ao final desse lindo processo, que me levou a escrever tantos pensamentos diários, descobri que o segredo de levar um desafio até o fim não é estar 100% preparada para algo, mas sim sobreviver dia após dia, caminhando como for possível, dando um passo de cada vez – quando der para correr, corra o mais rápido que conseguir; quando tiver que parar para tomar fôlego, pare e respire fundo, sem culpa. Respire também durante a corrida intensa. Só não se esqueça de continuar respirando, sempre no seu ritmo. E faça sempre o melhor possível, sendo gentil e carinhosa consigo mesma.

Querer e acreditar

Não pense você que, por eu escrever a respeito disso tudo, eu tenha nascido plena e desconstruída, totalmente evoluída e iluminada na aplicação de todos os conceitos mencionados aqui. Muito pelo contrário. Eu, socializada como mulher desde o nascimento, enfrento a grande maioria dos problemas de mulher branca de classe média e já quebrei muito a cabeça para resolvê-los: baixa autoestima, insegurança, obsessão por um corpo "perfeito", medo de violência e abuso psicológico e físico, sexismo em ambientes masculinos, julgamentos da sociedade machista, assédio – entre muitas outras questões cotidianas que vivencio só pelo fato de ser mulher. Talvez por isso me sinta motivada a tentar mostrar a você maneiras de não quebrar tanto a cabeça como eu. Há momentos em que facilmente consigo aplicar todas as ideias de maneira positiva na minha vida, mas há dias em que preciso fazer força para lidar com questões básicas, enfrentando minhas próprias inseguranças, que às vezes insistem em aparecer – e permanecer. E tudo bem, isso é normal.

Assim como a maioria das mulheres, estou ainda em processo de aceitação pessoal e aprendendo a me conhecer melhor, dia após dia. Sei que não é sempre que o sol vai brilhar, e você não precisa se sentir culpada pelos dias em que o céu nublado a impedir de ver o sol, ou quando seu dia estiver sinalizando uma tempestade ou um furacão a caminho. Já passei por alguns momentos emocionalmente bem instáveis ao longo da vida, e acredito que consegui resolver uma parte deles, mas a grande questão para mim – e que realmente deu início ao processo de mudança interna – foi que eu me vi cansada de situações que vivia comigo mesma e percebi a forma como eu me tratava. Precisei me distanciar um pouco de mim e me enxergar com outros olhos para entender que não queria mais ser tão dura e punitiva comigo mesma.

Compreender isso já fez uma grande diferença, mesmo que eu não fizesse a menor ideia de como aplicar essas ideias na minha vida. É difícil quebrar um padrão mental que você seguiu, sem perceber, pelas últimas décadas e que, de alguma forma, te "protegeu" ao longo da vida. Mas a questão é que eu não queria mais dizer palavras horríveis ou viver me culpando por coisas que, muitas vezes, nem estavam sob meu controle. Um dia eu simplesmente *quis* mudar, e essa primeira atitude precisou partir de mim. Eu já tinha feito terapia antes e, enquanto eu não quis mudar *de verdade*, nada tinha efetivamente melhorado dentro de mim. Você pode não saber por onde nem como começar. Pode estar completamente perdida no caminho da autocompaixão e do autoconhecimento. Mas o primeiro passo, com certeza, é *querer* caminhar para algum lugar, mesmo que rumo ao desconhecido, e mesmo que dê medo. Mas se uma parte de você, ainda que pequena, não quiser verdadeiramente caminhar, dificilmente ocorrerá uma real mudança.

Obviamente, não basta *querer*, é preciso *acreditar* que é possível mudar. Por mais que o caminho pareça ser um dos mais tortuosos e complexos que você já trilhou (e sem plena certeza de sucesso), o processo vai se tornar muito mais difícil se você não *acreditar* que consegue fazer isso por si mesma. Não existe caminho de ida se você não acredita que no fim do horizonte existe terra. É como nadar em direção ao vazio. Você precisa acreditar que, depois de todo o esforço, coisas boas vão lhe acontecer – ou que ao menos você vai encontrar um pedaço de terra mais adiante para descansar e tomar fôlego antes de continuar nadando. Partir rumo ao desconhecido sem acreditar que é possível alcançar a terra pode significar jogar energia fora. Não comece nada sem achar que você realmente pode mudar.

Não desista, mesmo que a princípio pareça que você não está chegando a lugar nenhum

No início do processo de autoconhecimento, é muito comum ter pensamentos como "não sei o que eu quero" ou "não sei para onde ir". Calma, isso é mais do que normal, e você não é uma alienígena. Ninguém tem todas as respostas – e eu até desconfiaria de quem tem certeza absoluta de tudo. A questão é que não necessariamente sabemos desde o começo aonde queremos chegar – e, mesmo quando sabemos, podemos acabar mudando de ideia durante o processo. Essa mudança muitas vezes ocorre porque descobrimos que estávamos fazendo algo apenas para agradar os outros ou então porque percebemos algo novo de que gostamos ainda mais do que aquilo que fazíamos antes. E tudo bem mudar de ideia ou de plano ao longo do caminho, porque, afinal de contas, as pessoas mudam com o passar do tempo. E, quando você muda, seus planos mudam com você.

Mesmo quando há dias em que nada parece dar certo ou estar no lugar onde deveria, o ideal é seguir caminhando. Temos a tendência a pensar que pequenos passos são irrelevantes, mas esquecemos que eles nos fazem continuar caminhando – e, no final, podem somar um montante considerável. Há dias em que minha autoestima não está muito elevada, e também passo por situações que me levam a achar que estou indo pelo caminho errado – ou até me questiono se devo ou não continuar caminhando por conta de pensamentos negativos. Mas aprendi que, mesmo nesses dias, é preciso seguir e manter o movimento, mesmo que seja mínimo. Não desista.

Dias bons e ruins existirão

Mesmo nos dias em que estou cheia de dúvidas, tento respirar fundo e remar contra a maré, acreditando (mesmo que minimamente) que aqueles pensamentos são uma fase e que dias melhores virão. Não dá para se sentir bem 100% do tempo, todos os dias da vida. Essa ideia de que existem pessoas felizes o tempo todo e que atingir a felicidade plena é possível só faz com que as pessoas se sintam mais infelizes e frustradas. Quando estou passando por momentos difíceis, tento fechar os olhos e me lembrar de como foi bom me sentir confiante e feliz em determinado momento – e como esses sentimentos bons estiveram próximos de mim, mesmo que a negatividade faça parecer que eles estão distantes e não vão voltar tão cedo. Calma, eles vão voltar – às vezes, quando você menos esperar. Pode demorar, mas você vai perceber que eles estão dentro de você – tanto os sentimentos bons quanto os ruins.

Você provavelmente já ouviu histórias de pessoas de muito sucesso. Tenho a sensação de que, na grande maioria dessas histórias, as pessoas mencionam apenas os dias incríveis em que se sentiram confiantes, cheias de ideias e de foco, com energia total para colocar seus planos em prática – e como, dessa maneira, elas obtiveram o sucesso. Essas pessoas consideradas "bem-sucedidas" na nossa sociedade capitalista (que basicamente gira em torno do homem branco de classe média ou alta) não mencionam todos os processos pelos quais elas passaram para atingir aquele determinado *status* – que também não é algo permanente e eterno. Tampouco citam o fato de que atingir o sucesso quando se é um homem branco de classe média ou classe alta é bem mais fácil do que se considerarmos os diferentes recortes e contextos sociais da grande maioria da população que não faz parte da parcela mais privilegiada da sociedade.

Acho importante lembrar que nosso processo de desenvolvimento, se traçado em um gráfico, não é uma linha reta e diagonal onde o ponto mais baixo é o início e o ponto mais alto é o final. A vida é, na verdade, feita de infinitos pontos altos e baixos, formando curvas sinuosas que variam conforme diversos fatores que influenciam e transformam a forma como nos relacionamos com o mundo – e de acordo com os resultados que obtemos a partir das nossas atitudes. Tudo bem ter dias ruins, eles vão passar.

O importante é saber que esses dias ruins não farão de você um fracasso completo. Não pense que um fracasso hoje arruinará tudo o que você conquistou previamente – ou o que almeja no futuro. Um passo para trás não anula sua caminhada. Errar e falhar faz parte do processo, e saber lidar com as frustrações faz parte da vida. Temos essa ideia de que, durante o processo de autoaceitação, estaremos dia após dia melhores e nos aceitando mais (e assim progressivamente). Mas lembre-se de que haverá dias em que você vai dar dois passos para a frente, enquanto em outros precisará regredir para tomar fôlego. Não ache que isso vai ser fácil – ou constante. Perceba-se a cada dia e permita-se errar ou parar se for preciso.

Desenvolvendo a autocompaixão

Este é um dos processos que considero mais importantes no início de uma jornada em busca de um melhor relacionamento consigo mesma. Autocompaixão é um termo pouquíssimo utilizado, e eu nunca tinha parado para pensar nele até me colocar em situações em que precisei perceber minha relação comigo mesma, prestando atenção na maneira como eu me tratava e como eu podia me ajudar a chegar aonde eu queria.

Sempre tive um senso de responsabilidade muito grande, acreditando que eu tinha que dar conta de tudo, além de ser muito crítica e perfeccionista comigo mesma. Assim, ao longo da vida, obviamente tive que aprender a lidar com uma imensa culpa que eu mesma desenvolvi – já que, enquanto ser humano passível de erros e acertos, nem sempre consegui atender às minhas próprias demandas e cumprir à risca todas as minhas expectativas. Ter autocompaixão significou passar pela minha história e reviver meu passado – não a ponto de ficar presa nele ou ser definida pelas minhas experiências anteriores, mas com o objetivo de entender quem eu era em cada situação e racionalmente perceber o que eu havia vivido previamente.

Quem eu era e por que tinha feito tudo aquilo? Por que não fiz mais? Por que não deixava pra lá o que não era relevante? Entender que eu havia mudado e amadurecido foi fundamental, mas aceitar que eu havia feito meu melhor com o que eu tinha na época também foi importante. Hoje eu tenho experiência para pensar de outra forma – e provavelmente faria coisas de maneira diferente de como fiz no passado. Mas não tenho como mudar minha história nem voltar no tempo para reescrever um capítulo – ou minha vida inteira. Não tenho controle sobre tudo (e você também não). O que vivi no passado foi importante para chegar onde estou hoje, e, como sempre digo, "Se tudo não tivesse sido como foi, nada seria como é". E, por mais que onde eu esteja agora não seja exatamente onde eu gostaria de estar, sei que já é diferente do lugar em que eu estava ontem – e eu sou grata por isso.

Ter autocompaixão é se ver com os olhos de uma amiga que está sempre pronta para te oferecer suporte emocional e te ouvir, mesmo que não concorde com suas atitudes ou que pense que você poderia ter feito diferente em determinada situação. Isso significa que essa amiga tem empatia por você. Autocompaixão não é pena, diferente do que muitos pensam logo de cara. É você entender que nem sempre vai conseguir cumprir 100% de suas próprias expectativas – que nem sempre são realistas.

Procuro olhar com muito cuidado e muita compaixão para a Maynara que fui no passado, porque, de alguma forma, ainda sou ela. Ou, então, ela faz parte da minha história, e isso eu não posso apagar. Apesar dos meus erros prévios, tento entender por que agi de determinada maneira em diferentes situações. Sei que errei, mas também sei que acertei – apesar de a gente nem sempre se lembrar dos acertos, não é? Quando você se dá esse espaço e se distancia um pouco de si, aprende a não ser tão crítica e não cobrar tanto de si mesma. Costumo sempre pensar que dificilmente alguém erra porque quer. Eu mesma não consigo me lembrar de uma situação em que pensei: "Vou ali errar de propósito para ver o que acontece". Erramos tentando acertar, mesmo quando metemos os pés pelas mãos. Não se culpe por errar. Ao contrário, aprenda algo com isso. Nem sempre seremos a pessoa que toma as melhores atitudes ou que faz o melhor por si mesma, mas podemos *tentar*. E essa é uma das coisas que esse desafio quer propor a você.

Criando um hábito

Muitas vezes acabamos repetindo palavras negativas ou ideias limitantes sobre nós mesmas simplesmente por uma questão de hábito. Pare e pense: desde crianças nos ensinaram a nos depreciar e achar que nunca seríamos o suficiente para ninguém (nem para nós mesmas). Afinal, embora muita coisa tenha mudando nos últimos cem anos, a sociedade ainda reproduz a ideia de que as mulheres nunca serão boas o suficiente para realizar determinadas tarefas vistas como essencialmente "masculinas" e de que nosso lugar é sobretudo dentro de casa, cuidando do lar e dos filhos. Nos fazem acreditar que temos um espaço limitado no mundo e dificilmente ganhamos voz para demandas feministas – muitas consideradas "mimimi". Além disso, sempre fomos incansavelmente bombardeadas – pela mídia e pela sociedade – por padrões inatingíveis de beleza e comportamento para as mulheres, e assim passamos anos acreditando piamente neles como meta a ser cumprida à risca. Todos esses pensamentos acabam fazendo com que entremos em piloto automático e se petrificam como uma verdade universal e imutável. Resultado: a vida toda presenciamos mulheres se depreciando e reproduzimos isso em nós mesmas.

Quebrar o que para nós tornou-se um hábito pode ser complexo, doloroso e demorado, mas devemos iniciar esse processo urgentemente para que possamos viver melhor com nosso corpo e nossa mente. Tente perceber quais são os seus hábitos limitantes. O que você pode fazer para mudá-los e criar novos, mais positivos? É comum ouvirmos termos relacionados à mudança de hábito alimentar ou de nossa rotina (como a prática de exercícios, por exemplo), mas estamos nos intoxicando diariamente com nossos próprios pensamentos – e ninguém fala disso. Temos a tendência de acreditar que nossa saúde mental não é tão importante assim.

Apenas pare e pense por alguns instantes: se você pudesse criar um hábito de autocompaixão e amor-próprio, qual seria? Qual hábito se adapta à sua vida e à sua forma de pensamento? Que caminho você poderia traçar para atingir esse objetivo? Como pode aplicar esse conceito diariamente? Pense em atitudes simples que podem ser aplicadas neste exato momento, independentemente do lugar em que você esteja, por exemplo, mudar a forma como você fala consigo mesma, aceitar seus erros, não se culpar ou ouvir a si com mais carinho e atenção, por exemplo. Experimente passar um dia inteiro sem dizer algo ruim para si mesma e você vai sentir a diferença. Esse tipo de atitude não exige nada além de uma mudança na sua chave mental, porque as ferramentas da mudança existem dentro de você. E isso vai fazer toda a diferença ao longo da sua jornada.

Não se esqueça também de que hábitos, a princípio, são difíceis de serem incorporados. Ações só se tornam hábitos de verdade quando você as repete por muito tempo até elas se tornarem parte da sua rotina. Eu não era uma criança que naturalmente queria escovar os dentes, mas hoje isso faz parte da minha vida porque sei que é bom para a saúde da minha boca e para meu bem-estar, por exemplo. Certamente, essa ação cresceu dentro de mim depois de algumas tentativas insistentes por parte de meus familiares, que instalaram essa necessidade em mim porque era para o meu bem. Depois que eu repeti várias vezes essa ação, me acostumei a ela – e sinto falta de escovar os dentes, para a sorte daqueles que convivem comigo. Eu também não sabia escovar direito no começo, mas aprendi a técnica e me aperfeiçoei com o passar do tempo. Descobri qual a melhor escova e a pasta de que mais gosto, até incorporei o fio dental e o enxaguante bucal com o tempo. Ninguém precisa mais perguntar se eu escovei os dentes, porque já faz parte da minha vida.

Assim como uma criança que desenvolve hábitos, pense que talvez seja necessário insistir e se policiar por algum tempo para criar um novo hábito, fazendo ações como "levar a escova de dentes a todos os lugares" e "ter sempre pasta de dentes na bolsa" – aí você pode fazer as devidas associações com sua vida. Mas procure pensar como fazer do seu objetivo um hábito, mesmo que no começo ele pareça "estranho", considerando que você se propõe a não ser mais tão crítica e dura consigo mesma. Saia do piloto automático e busque novos caminhos.

Sem mais delongas, agora você tem tudo de que precisa para dar início ao desafio. Comece de onde você está, usando o que você tem, da forma que puder. Faça isso por si mesma, e por mais ninguém.

1. Perdoe-se.

Vamos começar o desafio de maneira curta e simples, mas absurdamente impactante, com "o pé na porta": vamos falar de perdão. Porém, antes de qualquer coisa, precisamos definir a palavra em si. "Perdão" é um termo comumente associado à religião, e acho que é por isso que culturalmente ele tem um peso grande no nosso inconsciente. Quando digitei "perdão" em um site de buscas, algumas das definições que apareceram foram: "uma das coisas mais libertadoras que alguém pode fazer" e "abrir mão de algo, deixar ir embora". No entanto, é importante ressaltar que perdoar não é necessariamente ignorar algo que aconteceu e lhe fez mal, mas sim reconhecer que, embora os atos do passado não possam ser apagados, é preciso seguir em frente de alguma forma menos dolorosa, sem carregar o passado nas costas. Perdoar faz com que você abra mão da raiva e da mágoa, trazendo benefícios para sua saúde mental e física e permitindo que você siga em frente. Se o perdão pelo outro faz isso, imagine o que pode fazer por você mesma?

Sei que não paramos muito para pensar nisso, mas acho que todas nós acabamos nos "devendo" perdão de alguma forma, em algum momento. Ao longo da vida, pessoas nos pedem perdão – e nós também pedimos –, mas quantas vezes você já parou para pensar em se autoperdoar? Já pensou em se desculpar pelas vezes em que disse ou pensou coisas ruins sobre si, que se colocou para baixo ou que foi dura demais consigo mesma?

Acho que esse é um dos primeiros passos oficiais para dar início ao processo de empoderamento. Não dá para plantar e colher coisas boas se o solo ainda está cheio de coisas ruins ou se ele envenena qualquer coisa boa que seja plantada ali. Juntando com a dica da autocompaixão, que mencionei na Introdução, você precisa primeiro se perdoar caso queira desenvolver uma boa relação consigo mesma – e essa é uma atitude urgente e imprescindível. Não adianta caminhar ao lado de alguém que te culpe pelas coisas ruins que aconteceram ou que não te ache merecedora de sucesso. Culpa não faz ninguém crescer e só cria mais problemas onde quer que ela esteja, além de impedir que coisas boas cresçam. Livre-se das culpas – principalmente daquelas geradas por situações sobre as quais você não tinha controle ou daquelas que nem suas são, mas que foram colocadas em você por outras pessoas.

Reflita sobre culpas conscientes e, principalmente, sobre aquelas das quais você não tem plena consciência, mas que refletem na sua vida de alguma maneira. Veja como elas podem estar influenciando suas atitudes e se pergunte se vale a pena seguir alimentando pensamentos que só te puxam pra baixo e te impedem de crescer. Perdoar-se é um dos primeiros passos do processo de aceitação, e precisamos nos lembrar disso diariamente, porque é como se nossa mente procurasse o tempo todo novas maneiras de nos culpar. Precisamos sempre nos policiar para que isso não aconteça.

Minha recomendação é que você siga para o segundo desafio com a questão do autoperdão em mente, o que pode te deslocar para outro lugar, com menos frustrações e culpas. Afinal, se você continuar se desafiando e, por algum motivo, encontrar alguma dificuldade no caminho, pode se perdoar por não estar progredindo como imaginou que deveria, porque você deve respeitar o seu tempo. Perdoe-se desde o primeiro desafio, pois para completar todos eles você vai precisar exercitar a autocompaixão diariamente, mesmo que às vezes isso pareça um exercício quase impossível. E, como já disse, autocompaixão não é ter pena de si mesma, mas sim se colocar em uma posição diferente, em que você entende que está fazendo seu melhor com as condições materiais e emocionais que lhe foram dadas naquele determinado momento. Amanhã você terá mais ferramentas, e provavelmente daqui a 10 anos pensará que poderia ter tomado atitudes diferentes das que está tomando hoje. Mas a autocompaixão passa por entender e perdoar essa amiga que você tanto quer bem e que precisa da sua compreensão para crescer e evoluir.

Permita-se ser uma pessoa que errou, erra e vai continuar errando. Você não é perfeita e não deve se sentir mal por isso. Você não deve perfeição ao mundo, por mais que nós, mulheres, sejamos cobradas para ser multifuncionais e dar conta de absolutamente tudo e todos.

2. Não desista de si mesma.

Eu poderia listar diversos motivos para te convencer a não desistir de si mesma, mas o principal deles é óbvio: você é a única pessoa que vai ter que conviver com você o tempo todo, para o resto da sua vida. Você pode nunca ter parado para pensar nisso, mas, até agora, esteve 100% do tempo presente consigo mesma, segurando todas as barras e lidando com todos os seus problemas, passando por momentos alegres e tristes. Enquanto você respirar e estiver consciente, vai ter que ver seu rosto e carregar seu corpo todos os dias da sua vida quando olhar no espelho. Eu já quis fugir de mim, mas, quanto mais longe eu tentava correr, mais perto de mim eu chegava. Para onde quer que eu fosse, lá estava eu. Já passei por momentos muito ruins e difíceis, em que nada parecia ter solução, mas um dia percebi que desistir de mim seria o pior caminho, porque se tinha alguém que eu não poderia continuar evitando por muito tempo (sem gerar consequências negativas na minha vida, seja a longo ou curto prazo), esse alguém era eu mesma.

Perdi muito tempo presa em momentos em que fingia que podia me evitar. Olhar no espelho me causava dor, e tinha vergonha de ser quem eu era. Mas um dia percebi que se tem alguém que precisa estar ao meu lado sou eu mesma, assim nunca estarei só. Se eu não fizesse isso por mim, ninguém mais faria. Obviamente é incrível ter pessoas à minha volta, como familiares e amigos queridos, mas preciso estar lá por mim em primeiro lugar, antes de qualquer outra pessoa. Tomei consciência de que preciso ser minha pessoa, meu próprio apoio.

No passado, quando passei por processos internos complexos, independentemente de quem estivesse à minha volta me dando apoio e incentivo, eu sempre sentia que não estava ali para mim mesma. Era um vazio enorme, como se algo sempre faltasse, por mais que eu estivesse recebendo suporte e carinho externo. Não desistir de si mesma, após perdoar-se, significa saber que momentos ruins poderão vir, mas que você deve continuar segurando firme como puder e com os recursos que tiver. Tente todos os dias, porque lutar por você mesma é a batalha que mais vale a pena.

3. Conheça-se bem o suficiente para saber seus limites (e quais devem ser cruzados ou não).

O processo de autoconhecimento é árduo e sempre vai requerer uma constante atualização pessoal e interna, como um complexo sistema digital que interliga nossas funções psicológicas básicas, sejam elas conscientes ou não. Pense que, independentemente do lugar em que esteja agora, você sempre estará se desenvolvendo de alguma forma, porque sempre existe espaço para evoluir. Eu não sou a mesma pessoa de ontem e não serei a mesma amanhã, por mais que determinados traços da minha personalidade tenham se mantido presentes e continuem impressos e reagentes em mim de alguma forma. Nós mudamos com o mundo, e ele muda com nossas atitudes. O que proponho neste desafio é que, ao longo da vida, estejamos sempre nos policiando para nos manter conectados a quem somos no momento presente; e para isso precisamos nos conhecer profundamente, desconsiderando as crenças que nos foram impostas.

Quem é você verdadeiramente? O que você quer, do que gosta? Como se comportaria se pudesse fazer escolhas com base naquilo que a faz feliz, e não no que foi imposto como conceito de felicidade? Viver uma vida inteira sem se conhecer é como estar trancada num quarto escuro onde não se pode enxergar nada além da sensação de medo da escuridão. Se você não se conhece, provavelmente está vivendo no piloto automático, mesmo achando que tem o controle da direção, apenas se deixando levar por escolhas e sonhos que não são seus a fim de agradar as pessoas, e não a si mesma.

É óbvio que se conhecer vai muito além de saber o que você quer ou não, já que envolve tudo o que a toca e a cerca de alguma forma. Envolve saber quais são seus valores, sonhos, metas, prioridades e comportamentos. Mas é fundamental que você se conheça a ponto de ter noção do que é realmente importante para a sua vida, aquilo que vai motivá-la a lutar por seus ideais. Quando você se conhece, acende um fósforo nesse quarto escuro e passa a enxergar melhor as possibilidades – além de se sentir mais segura com suas escolhas, porque alinha quem você é com o que você quer.

O processo de autoconhecimento também ajuda a entender o que você não é, mas que pode estar manifestando de alguma forma por algum motivo específico. Quando estou lidando com minhas inseguranças, por exemplo, tento analisar de uma forma mais ampla e me enxergar de fora da situação. Será que "sou" insegura ou "estou" insegura? Em que momentos esse sentimento se manifesta em mim e quais são os seus gatilhos? O que posso fazer para trabalhar isso dentro de mim? Que tipo de situações devo evitar para que isso não aconteça novamente?

Nesse processo, é muito importante definir quais são os seus limites e quais devem ser ultrapassados ou não. Apenas você pode descobrir isso. Não importa se os outros acham certas coisas normais e você não. Se seus limites são muito específicos, aprenda a respeitá-los e expressá-los de alguma maneira, deixando claro para os outros quais não devem ser cruzados porque farão com que você se sinta mal ou desconfortável, independentemente da situação. Não os deixe de lado – se você o fizer, estará passando por cima de si mesma.

Conhecer-se passa também por saber quais são seus limites pessoais que devem ser quebrados (se esses limites a impedem de crescer, então devem ser vistos como obstáculos a ser ultrapassados) e quais devem ser respeitados a fim de preservar sua saúde física e psicológica. Saiba diferenciar até onde pode ir, pois os dois conceitos de limites (o positivo e o negativo) são diferentes na prática e geram consequências um tanto quanto opostas quando são confrontados: desafiar-se é diferente de desrespeitar-se.

4. Pense no respeito próprio como uma premissa para viver e se relacionar.

Uma coisa que ajudou muito no meu processo de fortalecimento pessoal foi pensar que preciso de respeito próprio para me relacionar comigo mesma – e consequentemente com qualquer outra pessoa. Considero isso tão básico quanto vestir uma roupa ou tomar banho, como algo que você não pode deixar de fazer antes de sair de casa, por exemplo. Sempre que vou tomar alguma decisão ou responder a determinada ação, penso: "Com essa atitude, estou respeitando a mim mesma? Estou me ouvindo? Estou passando por cima de mim e dos meus ideais para agradar alguém ou me sinto confortável com essa escolha?".

Leve esses questionamentos com você sempre, seja em relacionamentos amorosos, amizades, na família ou no trabalho. Costumamos ouvir falar de amor-próprio, mas acho que a palavra "amor" não necessariamente cabe aqui, especialmente quando você está amarrada a uma série de hábitos do passado que, durante muitos anos, fizeram você dizer coisas ruins ou duras para si mesma, colocando-se em situações que lhe faziam mal. A princípio, não é imperativo que você ame totalmente uma pessoa para conviver com ela, mas, se você entender que precisa *respeitá-la*, já consegue mudar sua perspectiva e, consequentemente, a relação que estabelece com ela. O respeito é uma relação primordial entre as pessoas, e também com você mesma.

Claro que se amar é importante, mas antes você precisa aprender a se respeitar, independentemente de qualquer coisa. Até porque vale lembrar que o amor não é algo pronto que se compra numa loja on-line com frete grátis e brinde. Amor é algo que você cria ao longo de certo tempo, alimentado com pequenas e grandes atitudes, dia após dia – e, assim, pode cultivá-lo com o passar do tempo. Se você nunca se amou antes, não é da noite para o dia que vai aprender a fazê-lo. Você precisa investir tempo, cuidado e paciência diariamente para construir essa relação. Antes de se amar, aprenda a se respeitar como ser humano em processo de desenvolvimento pessoal que possui seus próprios sentimentos, desejos, qualidades e defeitos.

O respeito próprio deve ser fundamental para tudo, assim você pode se conhecer e considerar seus desejos e suas vontades sem se colocar abaixo de outra pessoa só para agradá-la, passando por cima daquilo em que você verdadeiramente acredita. Antes de sair de casa, assim como algo básico que você leva na bolsa, tenha a certeza que está levando seu respeito próprio com você. Ele vem antes de qualquer roupa incrível ou batom poderoso que a faça se sentir mais confiante. Não é o batom nem a roupa que usam você, é você que faz todo o resto. Você é uma pessoa viva, complexa e cheia de desejos, e respeitar-se vai fazer com que se sinta orgulhosa de alguma forma, porque faz com que você se dê poder. O respeito por si mesma dá voz e força a quem você é e ao que você quer.

5. Enxergue-se sob uma nova perspectiva.

Se eu pedisse agora que você fizesse uma lista com suas maiores qualidades e defeitos, como você colocaria isso no papel? Seria capaz de elencar esses itens com facilidade? Já se perguntou se a forma como você se enxerga reflete algo próximo da realidade ou não?

Esse é um exercício que pode parecer simples, mas traz alguns desafios. Certamente a realidade é um conceito relativo, uma vez que não necessariamente nos enxergamos da mesma forma que os outros nos veem. Temos uma visão sobre quem somos, seja porque a criamos com o passar dos anos ou porque nos rotularam de determinada maneira a vida inteira e acabamos incorporando certas características, como se as tomássemos como uma verdade universal.

Eu mesma criei rótulos para mim durante muito tempo e incorporei uma personalidade que não necessariamente era minha, o que me gerou diversas frustrações e perdas ao longo dos anos. Quando eu era pequena, tinha dificuldade em expressar sentimentos e acabei sendo mal interpretada pelas pessoas à minha volta. Em vez de mostrar minha fragilidade e carência como um pedido de atenção e compreensão, estava constantemente "brava" e de cara amarrada, como uma criança que se magoa facilmente. Ninguém nunca me perguntou o que estava acontecendo, e eu tampouco tinha condições de falar sobre aquilo tudo que borbulhava dentro de mim ou expressar meus medos e desejos naquela época.

Hoje, olho para trás e me enxergo naquela menina que não nasceu brava ou chata, mas cresceu acreditando que aquela era a única personalidade dela. Aí, acabei incorporando aquelas predefinições na minha vida e as reproduzi por muitos anos. Durante bastante tempo achei que aquela era a minha essência, o que me afastou de muitas pessoas e também de oportunidades ao longo da minha adolescência e início da fase adulta.

Um exercício que me ajudou a refletir sobre isso vem com o seguinte pensamento: "Como você gostaria de se definir se pudesse começar do zero, enxergando a si própria sob uma nova perspectiva?". Pense na história que você gostaria de escrever se fosse uma folha em branco a partir deste exato momento. Quando eu era mais nova, diziam que eu era "chatinha" e que tinha uma personalidade "difícil", e acreditei nisso quase a vida toda. Passei a evitar pessoas porque achava que minha presença era incômoda ou penosa para elas. Hoje busco entender o que eu estava sentindo naquela época e vejo que eu não era brava 100% do tempo. Eu "estive" brava por motivos específicos, mas aquela não era eu – pelo menos, não o tempo todo.

Não somos chatas, legais, preguiçosas ou dispostas o tempo todo. Temos nossos momentos e precisamos entender cada um deles, percebendo o que nos motiva a reagir de determinada maneira. Conhecer a nós mesmas, nos respeitar e nos amar são os primeiros passos para uma longa caminhada, já que temos que conviver conosco para sempre. Pense em como você pode tornar essa jornada mais agradável a partir deste momento.

Então, convido você a fazer o mesmo exercício que fiz. Como você gostaria de se enxergar agora? Se parar para se observar cuidadosamente em todos os seus espectros, o que você enxerga de novo em si mesma? Aposto que, se você fizer o exercício de se olhar por um ângulo sob o qual não está acostumada, vai notar outro lado que você de repente nem sabia que existia, ou que não estava se manifestando porque você não havia aberto nenhum espaço para ele.

Não somos desenhos planos, possuímos diversas facetas – e temos o potencial de exercitar qualquer coisa que desejemos. Não se limite ao rótulo que definiram para você no passado e não tome isso como a única verdade existente, principalmente porque talvez ela nem seja real.

6. Faça o seu melhor, porque, independentemente do resultado, você vai saber que tentou.

Nada daquilo que fazemos na vida vem com a plena certeza de sucesso, e não podemos controlar isso. Mesmo quando acreditamos 100% no nosso potencial e tudo parece estar caminhando bem, não temos como prever o resultado de todas as situações da vida, principalmente quando elas não dependem apenas de nós – afinal, existem muitos fatores externos que podem contribuir para o sucesso ou fracasso das nossas ações. Se força de vontade fosse o suficiente, creio que a grande maioria de nós teria sucesso em diversas áreas da vida.

Antes de qualquer coisa, é importante lembrar que o conceito de "100% de nosso potencial" é relativo e mutável, já que varia não apenas de pessoa para pessoa como também depende do momento que estamos vivendo. A energia que você tem disponível hoje é diferente da que você tinha ontem e será diferente da que você terá amanhã, podendo variar para mais ou menos. Além disso, você não conseguirá aplicar sua energia total todos os dias, podendo ter dias "1%", nos quais você realmente só deseja chegar até o final. Cada momento é único, e acho que devemos pensar no presente como uma nova possibilidade, em que podemos colocar a energia possível com as ferramentas disponíveis dentro e fora de nós naquele exato momento, de maneira realista.

Além de ter essa percepção sobre a diferente disponibilidade de energia a cada dia, é importante que, ao tomar qualquer decisão, você tenha a consciência tranquila, sabendo que tentou fazer o melhor que podia – e se bastar com isso. Quando digo "se bastar", não significa se contentar com o que você considera bom ou ruim, mas sim saber das suas limitações pessoais ou externas. Independentemente do resultado que você teve ou terá, você precisa saber que fez o que foi possível, sem se culpar por não ter feito mais ou por ter deixado de fazer algo.

Quando eu era mais nova, muitas vezes um "fantasma" dentro da minha mente me fazia reviver uma situação do passado, e eu ficava pensando em como poderia ter feito diferente, o que abre espaço para infinitas possibilidades de ações e desfechos diferentes. Por muito tempo fiquei presa nisso. Hoje sei que de nada adiantou colocar tanta energia naqueles pensamentos que nunca mudariam a história e percebo o quanto é importante estar consciente no momento presente, compreendendo o que posso fazer agora para prevenir que esse tipo de pensamento aconteça novamente. Isso não significa estar feliz com um possível resultado negativo, por exemplo, mas sim ter a tranquilidade de saber que você fez o melhor possível naquela situação com as ferramentas que estavam disponíveis.

Sem dúvida eu ainda erro e continuarei errando, mas procuro dar o meu melhor e não pensar exaustivamente sobre o que já foi feito ou não. Independentemente do que venha a acontecer, estou certa de que fiz tudo o que estava ao meu alcance.

7. Orgulhe-se da mulher que você é hoje, pois você lutou para se transformar nela.

Sempre que aplico esse exercício na minha vida, eu me surpreendo ao ver o quanto ele é poderoso. Essa foi uma das primeiras frases que postei na minha página Empodere Duas Mulheres, há mais de três anos, e ela sempre me faz lembrar de quem sou e de tudo o que fiz para chegar até aqui, sobretudo porque me relaciona diretamente com aquela pessoa que postou a frase pela primeira vez. Essa mesma pessoa ainda vive em mim e continuamos conectadas de alguma forma, apesar de todas as mudanças e aprendizados adquiridos desde então. Não se sinta mal ou culpada se você ainda não conseguiu se amar ou se aceitar totalmente. Amor-próprio e autocompaixão fazem parte de uma jornada, então aprecie quão longe você chegou e tudo o que você fez ser quem você é.

Obviamente amadureci bastante e trabalhei muitas questões internas, mas essa frase tem a capacidade de me transportar para meu passado e me fazer respeitar quem eu fui, porque aquela pessoa foi importante para que eu me tornasse quem sou hoje. Por mais que haja momentos em que nos questionamos sobre nossas atitudes ou em que não estejamos totalmente felizes conosco (ainda almejando evoluir ou chegar a outro patamar em algum quesito específico), é importante de alguma forma nos orgulharmos de quem somos hoje.

Todas temos falhas, facetas das quais não necessariamente nos orgulhamos e que gostaríamos de melhorar, ou até podemos estar em situações com as quais não estamos completamente satisfeitas, mas o que importa é que você chegou até aqui. É como se você estivesse subindo uma montanha e, apesar de ver que ainda faltam muitas pedras a ser escaladas para chegar ao cume, conseguisse olhar para baixo e reconhecer o quanto já progrediu desde o primeiro momento em que se propôs chegar ao topo e se lançar ao desafio. Ou mesmo pensar que você precisou de coragem só para decidir subir o caminho, sem saber o que esperar, sem um destino exato e preciso, e isso tem valor. Você pode estar ofegante na subida, ainda pensando que falta muito para chegar ao final, mas tente apreciar suas conquistas até aquele momento e assim aproveitar o caminho. Olhar para baixo pode te motivar mais do que olhar para cima e se lamentar pelo que ainda tem que enfrentar.

Imagine também que você está contando sua história para outra pessoa. O que você acha que essa pessoa te diria, de uma maneira positiva e carinhosa? Procure pensar como é importante que sua narrativa seja abraçada por alguém que diga: "Estou orgulhosa de ver que, apesar de tudo o que lhe aconteceu, você encontrou suas próprias maneiras de lidar com seus problemas e chegou até aqui fazendo o que era possível". Independentemente do que tenha feito, você completou o desafio diário até aqui e sobreviveu para olhar para trás e poder contar essa história.

É claro que nem sempre temos condições de abraçar totalmente nosso potencial e explorar todas as possibilidades o tempo inteiro, simplesmente porque às vezes não temos energia emocional suficiente para nos ajudar a lidar com tudo o que acontece. Mas, se você seguiu o passo anterior e deu o seu melhor, conseguirá mais facilmente se orgulhar de sua própria história e de quem você é hoje.

Nos momentos em que não estou muito bem, orgulhar-me de mim mesma me dá um poder mágico de relembrar rapidamente tudo o que já vivi, além de fazer com que eu crie um respeito pelo caminho que trilhei – afinal, mesmo tendo dias ruins e não tomando sempre as decisões "ideais", fiz o que estava ao meu alcance. A condição de ser mulher passa, todos os dias, por resistência e luta. Orgulhe-se da mulher que você é hoje, porque você lutou e resistiu para ser ela!

8. Seja gentil consigo mesma, assim como você é com as outras pessoas.

Quando eu era criança, lembro-me de ouvir pessoas mais velhas dizendo frases como "Tem coisas que você não fala nem pra gente desconhecida!", na tentativa de me explicar como eu deveria ou não filtrar o conteúdo que eu expressava para o mundo. É claro que ainda concordo com essa frase, porque realmente acredito que existem coisas que podem ser mantidas para nós mesmas e não necessariamente precisam ser compartilhadas, sobretudo porque nem sempre acrescentam algo na vida alheia ou são apenas opiniões pessoais que só devem ser expressadas caso nós sejamos questionadas por outra pessoa, por exemplo. Existe também uma clássica frase que aprendi com um desenho infantil: "Se não tiver nada de bom para dizer, então é melhor não dizer nada".

Hoje em dia, esse aprendizado me ajuda na relação com as pessoas à minha volta. Eu não preciso necessariamente dizer tudo o que penso, já que meus pensamentos podem machucar ou ofender alguém – não porque eles sejam cruéis, mas porque pode não ser o que a pessoa quer ou precisa ouvir naquele momento. Vale lembrar que nem sempre o que gostaríamos de ouvir é o que os outros também gostariam, então não adianta muito se basear no lema "Diga para os outros o que você gostaria de ouvir".

A questão é que aplicamos demais esse conceito aos outros e pouquíssimo a nós mesmas. É óbvio que é difícil e complexo filtrar nossos pensamentos, uma vez que eles simplesmente aparecem e nos vemos obrigadas a encontrar formas de lidar com eles. Mas e se passássemos a aplicar esse filtro que temos com os outros a nós mesmas? Se existem coisas que não falamos nem para um estranho (considerando que não temos ligação emocional com essa pessoa), por que achamos que não tem problema falar a mesma coisa para nós mesmas?

Isso faz parte do exercício de pegar mais leve com você mesma e de tentar entender melhor a maneira como tem se tratado. Se você não sabe exatamente se o que está dizendo a si mesma é positivo e vai te agregar algo, tente falar em voz alta como se estivesse dizendo a outra pessoa. Se soar gentil, então você está no caminho certo. Mas se parecer rude, grosseiro ou desnecessário, pare de repetir, pois você está de alguma maneira se envenenando.

Já percebeu como é fácil identificar palavras duras quando as dizemos a outras pessoas, mas como não prestamos atenção quando usamos essas mesmas palavras conosco? Se sua amiga te contasse sobre um fracasso ou uma frustração, você seria dura com ela em um momento de sensibilidade?

Nem sempre percebemos o quanto nossos pensamentos são impactantes na nossa vida. Mas lembre-se de que as palavras são muito poderosas! Quando pensar algo sobre si mesma, diga em voz alta, olhando-se no espelho – ou escreva no papel, se for mais fácil. Se não for bom, ou se for algo que você não teria coragem de dizer para outra pessoa, pare de repetir essas ideias e converta-as em algo positivo. Pense em coisas que te fazem bem, algo de que gosta em si mesma ou que se orgulha de ter feito hoje – seja ter conseguido sair de casa ou estar feliz por ter regado uma planta. Por exemplo, hoje fui andando para o trabalho e fiquei feliz por cumprir essa meta que estabeleci para mim mesma, porque me faz bem caminhar e olhar a paisagem escutando uma música de que gosto, mantendo distantes os pensamentos ruins que poderiam estar povoando minha mente. Não seja dura e cruel com você. Você tem que conviver o tempo todo consigo mesma, não faça disso um peso. Cuide-se e trate-se com carinho e paciência.

Se você não tem coragem de dizer coisas ruins a alguém, não diga a si mesma. Se você consegue ser gentil com pessoas próximas (ou até mesmo com estranhos), faça o exercício de ser gentil com você também. Aprenda a filtrar pensamentos ruins que nada acrescentam à sua vida. Isso pode requerer um certo esforço no começo, mas tenho certeza de que, com o tempo, essa atitude passará a ser mais normal e virá de maneira natural – não mais como um exercício, mas como uma reação rotineira e fluída.

9. Aceite elogios.

Confesso que até hoje preciso me policiar com isso. Sinto que, às vezes, mesmo que de maneira inconsciente, temos a estranha tendência a não aceitar elogios porque não queremos parecer convencidas. Nos ensinaram que essa é uma atitude rude, e assim nos vemos automaticamente nos diminuindo para não parecer que estamos aceitando essas palavras dos outros. Se você, enquanto mulher, recebe um elogio de maneira educada e concorda com ele, recebe olhares negativos da sociedade, que a vê como egocêntrica ou como alguém que "se acha". Além disso, muitas vezes nos sentimos culpadas por isso, porque ter a autoestima boa é socialmente condenável se você for mulher.

Talvez por tudo isso seja tão difícil acolher um elogio de verdade – além da eterna questão de nossa falta de autoconfiança. Quando eu recebo um, por mais sincero que ele seja, é como se eu não me sentisse merecedora o suficiente de ser elogiada ou exaltada de alguma forma, ou como se a pessoa estivesse fazendo aquilo só para eu não me sentir triste, quase como um favor. É como se ele nunca fosse de fato verdadeiro ou genuíno, vindo de alguém que realmente enxergou algo bom em mim, sem desejar nada em troca.

Quantas vezes eu, sem pensar duas vezes, respondi a um elogio com frases como: "Ah, imagina, você só está falando isso por educação", ou até mesmo tentei provar à pessoa que ela estava errada em me dizer aquilo. Uma vez, quando respondi isso a um elogio sincero e positivo de uma amiga querida, ouvi dela a seguinte resposta: "Não existe nenhum motivo para eu querer ser bondosa com você nesta situação específica. Não estou dizendo isso porque tenho pena de você, mas sim orgulho". Naquele momento entendi que minha resposta tinha sido completamente desnecessária e sem sentido. Elogio não deve ser visto como caridade. Se você não sabe receber um elogio, simplesmente respire fundo e diga "obrigada", porque já vai ser muito melhor do que tentar convencer a outra pessoa de que ela está errada ou louca de enxergar coisas boas em você.

Agradecer um elogio sincero é uma maneira de aceitar um presente de alguém. Isso ecoa positivamente dentro de você e estabelece uma conexão com o outro, simplesmente porque você está aceitando algo bom. No começo, pode ser difícil dizer "obrigada", mas com o tempo essa atitude se torna natural. Aceitar um elogio é também reconhecer algo bom em você – e te ajuda a acolher aquilo dentro de si mesma. Por muito tempo, aceitar um elogio fazia que eu me sentisse culpada, porque parecia que eu estava inflando meu ego. Mas qual o problema de alimentar meu ego reconhecendo coisas boas dentro de mim? Não faria isso parte do processo de respeito próprio e autoaceitação?

Sei que não é fácil, e, às vezes, passamos muito tempo sem saber aceitar um elogio sincero por não conseguirmos ver potencial dentro de nós mesmas, ou por achar que não merecemos o crédito por determinada coisa. Mas aqui eu faço um desafio: aceite elogios, não se diminua dizendo o contrário. Reconheça o que você faz de bom e aceite palavras boas das outras pessoas. Não deixe ninguém dizer que, só porque você aceitou um elogio, você é "metida" ou "convencida". Você é um mulherão da porra, deixe que os outros vejam isso – e bata no peito!

10. Pense nas coisas pelas quais você é grata na sua vida.

Demorei muito para entender o poder e a importância da gratidão, mesmo que nas pequenas coisas e situações cotidianas. Acho que uma das principais razões para isso é que estive muito tempo centrada nos meus próprios problemas, sem me dar conta do que se passava à minha volta. É sempre mais fácil enxergar a parte que não é tão boa – ela simplesmente anula todo o resto, uma vez que pensamentos negativos têm o poder de sugar toda a nossa energia e roubar a nossa atenção, como um ator em cena que quer todos os holofotes para si. Quando estamos mergulhadas em nossos problemas, passamos a desconsiderar automaticamente a parte boa da nossa vida. Não que a parte boa não esteja mais lá, mas nos esquecemos dela com muita facilidade, já que ela é ofuscada pelas coisas ruins.

Não estou anulando os problemas nem dizendo que eles não são importantes, mas você já parou para pensar nas coisas boas que te aconteceram até aqui? Já parou para pensar nas coisas que você pode agradecer por ter conquistado? Mesmo que pareça difícil, tenho certeza de que, se você se esforçar um pouco, conseguirá ver coisas boas pelas quais pode ser grata neste exato momento.

A gratidão é um exercício que pode expandir sua mente e abrir seus olhos de uma maneira impressionante e muito poderosa. Pare por alguns instantes e faça uma lista de pequenas e grandes coisas pelas quais você é grata. Anote tudo num caderno, se for preciso – materializar os pensamentos nos ajuda a organizá-los de maneira linear e muitas vezes até a encontrá-los, uma vez que damos nomes a eles quando fazemos o exercício de buscá-los dentro de nós. Releia essa lista sempre que sentir necessidade. Quando estiver passando por um momento bom, agradeça o que está vivendo, mesmo que seja algo pequeno ou que faça parte da sua rotina. Imagine que hoje você parou para agradecer por estar dormindo em um edredom quentinho. Depois, em um dia em que seus problemas parecem não ter fim, você pode olhar para a lista e relembrar quão protegida e grata se sentiu naquele momento por algo tão "simples". Ou então pare para ser grata por poder apreciar um pôr do sol, por exemplo, ou por ter a oportunidade de estar ao lado de pessoas que você ama. Se você não pode fazer essas coisas que eu citei, procure as que se encaixam na sua realidade e na sua história.

Com tudo o que se passa na nossa vida, acabamos nos esquecendo de dedicar pelo menos alguns momentos do nosso dia (ou da nossa semana, se for o caso) para pensar nas coisas pelas quais somos gratas. Eu mesma demorei anos até aprender a fazer esse exercício. Sou grata pela minha capacidade de comunicar coisas boas para as pessoas através da minha página e sempre penso como é grande esse privilégio de poder atingir positivamente tantas mulheres. Sou grata pela minha família que me ama (mesmo que passemos por momentos não tão bons de vez em quando). Sou grata pelo sol que bateu na janela hoje de manhã, pelos meus amigos que estão ao meu lado, mesmo que longe.

Por muito tempo vivi uma luta em que minha rival era eu mesma, mas hoje agradeço pelas minhas capacidades e pelo meu corpo (que está respirando e me possibilita espalhar esta e tantas outras mensagens). É tão bom respirar fundo e sentir gratidão! Lembrando sempre que ser grato não significa ser passivo e permanecer no lugar em que se está, como se estivesse conformado com o que tem sem almejar nada além. É muito importante agradecer pelo que já passou, mas sempre continuar caminhando e buscando o que se quer para o futuro, de maneira ativa, já que somos as protagonistas da nossa própria história.

11. Não ignore seus sentimentos – procure entendê-los, porque eles importam muito.

Nós, como seres humanos e dinâmicos, estamos o tempo todo reagindo ao mundo e a tudo o que nos cerca e nos afeta, diretamente ou não. Criamos e modificamos sentimentos e sensações a partir do que nos acontece e com base na forma como nos relacionamos com os outros e com as coisas, através da nossa realidade e da nossa própria perspectiva. Sentimos o mundo a todo instante, e a ele devolvemos sentimentos também. Mas, assim como somos afetadas pelo que nos rodeia, afetamos o mundo de alguma maneira. É importante sempre lembrar que toda manifestação interior é válida e verdadeira, e seus sentimentos importam de alguma forma, sejam eles bons ou não.

Eu cresci ignorando tudo o que estava dentro de mim, como se não devesse dar ouvidos àquilo em que eu estava pensando ou que sentia. Vivia me diminuindo não só fisicamente, mas também psicológica e emocionalmente. Por pensar que eu era culpada por tudo o que tinha passado, aprendi a lidar sozinha com o que eu estava sentindo e me obriguei, incontáveis vezes, a reprimir meus sentimentos.

Quem já viveu isso sabe quão entalados sentimentos e palavras podem ficar na nossa garganta – chegando até a se transformar em algo pior e muito maior dentro de nós. Engoli e me calei por muito tempo, já que nem sequer fazia o exercício de procurar entender o que era aquela montanha de coisas, já que na minha cabeça eu era culpada por senti-las de alguma forma. Mal sabia eu o quanto aquilo tudo me faria mal, não só naquele momento, mas também ao longo dos anos, e o quanto eu estava errada por ignorar o que eu sentia ou fazer pouco-caso de mim mesma. Errei ao achar que tudo ia passar se eu ignorasse o que acontecia – e, bem, nem tudo passou por eu fingir que nada estava ali. Acho que, por muitos fatores, que vão desde socialização feminina à baixa autoestima e insegurança, aprendemos que não podemos dar atenção a nós mesmas nem cuidar de nós, o que acaba gerando uma autonegligência que pode ter consequências muito dolorosas no presente e no futuro.

Eu mesma demorei para me permitir falar sobre meus próprios problemas. Acreditava que era apenas um ato de "reclamar" das coisas quando, na verdade, ia muito além do que um simples desconforto ou reclamação, já que é carregado de sentido e significado – que muitos deturpam, já que sobretudo as mulheres precisam naturalmente lidar com os próprios problemas e ainda dar conta das questões dos outros.

Hoje sei que falar de meus sentimentos, sejam eles bons ou ruins, não deve ser visto com pesar ou culpa, mas sim como um ato de resistência psicológica. Numa sociedade em que mulheres são ensinadas a se calar, expressar meus sentimentos, problemas e inseguranças torna-se uma batalha na qual eu luto por mim mesma. Falar sobre mim é como defender minha própria voz e não mais me esconder ou culpar. É gritar para o mundo que eu existo e que sou importante. E mais: é reforçar isso para mim mesma.

Todos os nossos sentimentos são fruto do que vivemos no passado e do que estamos vivendo no presente – e assim, consequentemente, influenciarão nosso futuro. Não diminua ou reprima o que você sente, porque tudo tem um motivo de existir – e muitas vezes estamos gritando para nós mesmas para que sejamos ouvidas. Procure entender a raiz do seu sentimento para que você possa ressignificá-lo ou trabalhar em cima dele. Por ser mulher, muitas vezes você vai ouvir que é "frescura" ou "chatice" quando se manifestar de alguma maneira a partir de uma ação externa. Você vai ser considerada "exigente" quando expressar incômodo ou desconforto em relação a situações que não te deixam à vontade. Não diminua o que você sente só porque as pessoas estão te julgando ou te chamando de "exagerada". Lute por essa pessoa que se manifesta em você e ouça o que ela tem a dizer.

12. Às vezes é preciso reconstruir-se e começar do zero. Permitir-se mudar de opinião faz parte do amadurecimento.

Sempre que penso sobre aprendizados da vida, imagino um grande jardim com um terreno fértil que faz crescer tudo aquilo que é plantado, desde frutos e flores até ervas daninhas. Nossa mente é assim e frutifica tudo aquilo que plantamos e regamos diariamente. Ela inclusive tende a aumentar aquilo a que damos mais ouvidos – e, assim, determinadas coisas passam a ter mais voz. Acho importante lembrar que, quando queremos reestabelecer uma conexão ou plantar uma nova ideia ou pensamento dentro de nós, precisamos nos livrar daquilo que é ruim e que ocupa aquele espaço de alguma forma, antes de dar início a algo diferente. Reconstruir-se e dar espaço para o novo é recomeçar do zero, tendo que se despir de algumas crenças e ideias que a impedem de seguir caminhando ou de superar determinada situação.

Encare a desconstrução como um processo necessário da vida. Às vezes precisamos do encerramento completo de um capítulo para começar um novo, e isso faz parte da jornada de autoconhecimento e autoaceitação. Em algumas situações, a desconstrução ou a mudança total podem parecer incômodas e dolorosas, mas muitas vezes elas vêm para nosso bem. Mesmo que o processo em si cause dor, é importante dar esse passo para que se crie uma nova história ou se atribua um novo significado a algo, principalmente quando estamos tentando mudar nossa relação com nós mesmas.

Permitir-se pensar diferente e mudar de opinião também faz parte disso. Pense no quanto você mudou ao longo do tempo – e como essa transformação foi necessária e lhe fez bem em diversas situações. Pode ser doloroso e até podemos ser resistentes a essa ideia, mas a mudança faz parte da nossa evolução. O importante é sempre lembrar que, mesmo que nossas bases pareçam sólidas, reinventar-se e abrir os olhos para pensar novas coisas e seguir outros caminhos faz parte do processo. Desapegue-se daquilo que não lhe serve mais, sejam pensamentos, crenças, relacionamentos, objetos ou sentimentos.

Às vezes seguramos algo com tanta força que não percebemos o quanto aquilo está nos fazendo mal, com medo da mudança ou de que possamos nos machucar caso deixemos algo ir embora. Mas reflita se esse ato tem impactado você de maneira negativa. O apego ou o medo de perder algo não deve ser razão para que você mantenha um padrão ruim na sua vida.

13. Você não é uma impostora e merece conquistar seus sonhos porque é a protagonista da sua própria vida.

"Às vezes tenho a sensação de que sou uma fraude." "Sinto que não estou onde deveria estar e que não mereço o que tenho." Esses pensamentos são típicos da chamada "síndrome da impostora", que ataca em sua grande maioria mulheres, por conta da diferença de socialização entre os gêneros. Ela pode ser definida como a falta de autoestima para ocupar determinado posto, geralmente quando falamos de espaços profissionais. Segundo especialistas, essa tendência atinge mais mulheres do que homens, já que precisamos trabalhar mais e melhor para ser reconhecidas em diversas áreas ocupadas majoritariamente por homens.

Acredito que essa síndrome tipicamente feminina se reflita em outras esferas que não apenas as profissionais. Sempre fico pensando nas diversas vezes em que não me achei boa o suficiente para desempenhar uma função, ocupar um cargo ou até mesmo ser reconhecida por algo que fiz – e que tinha mérito por ter realizado.

Pense em situações em que você conquistou um grande feito ou realizou algo do qual deveria de alguma forma ter se orgulhado (às vezes até uma pequena atitude cotidiana), mas a única coisa que você conseguiu sentir foi culpa, pensando que não merecia estar ocupando aquele lugar, mesmo que tenha lutado para chegar lá e que mereça isso. É como ser surpreendida em diversos momentos da vida por um sentimento de que você nunca será boa o suficiente para fazer ou merecer nada, como se a qualquer momento alguém fosse descobrir a grande fraude que você é – "Eu nem sou tão boa assim", "Eu não mereço", "Nem foi grande coisa", "Qualquer um faria o que eu fiz" ou qualquer outra frase similar que venha à sua cabeça devido à falta de autoestima. É como ter uma voz interior que fica o tempo todo te puxando para baixo, manifestando-se em pensamentos, palavras ou até mesmo atos que não te deixam progredir, muitas vezes te impedindo até de *tentar* fazer algo, ou de comemorar algo que você foi responsável por conquistar.

Às vezes sinto como se todas as coisas boas que me aconteceram foram pura sorte ou destino, ignorando totalmente a energia e o trabalho que empreguei nas minhas atitudes e que foram fundamentais para que as coisas acontecessem. Elas não teriam acontecido se eu tivesse permanecido imóvel.

É importante frisar que isso não tem nada a ver com falsa modéstia, mas sim com um sentimento real e legítimo de que mulheres realmente creem não ter capacidade, experiência ou inteligência para desempenhar determinada função ou atingir um objetivo. Não se veja como menos qualificada ou incapaz de exercer ou fazer algo por ser mulher. Você pode e merece ganhar o mundo. Você é capaz de coisas que nem imagina!

14. Existem pessoas que estão prontas para amá-la e aceitá-la, do jeito que você é.

Pegue aqui na minha mão e acredite nisso. Essa é a dica que eu queria tatuar na minha pele, repetir infinitas vezes como um mantra e gritar para todas as mulheres do mundo, porque só eu sei quanto tempo e energia gastei desnecessariamente alimentando a crença de que eu nunca me encaixaria em lugar nenhum a não ser que eu mudasse (seja de personalidade ou de corpo) e fosse outra pessoa. Aquela estranha, frustrante e errônea sensação de que todos no mundo merecem amor, carinho e cuidado – menos eu.

Gostaria de voltar no tempo e falar essa frase para a Maynara do passado, porque realmente acredito que isso teria mudado minha vida e minha perspectiva em diversos momentos da minha história. Foram anos e mais anos sem me aceitar, achando que eu não era boa o suficiente "ainda", mas que um dia chegaria lá, tentando atingir um patamar inalcançável e investindo uma energia absurda que gastei à toa. Não só pelo fato de que eu procurei alcançar esse patamar incansavelmente, mas também porque atingi-lo não foi suficiente para que eu me sentisse completamente merecedora ou capaz. E isso me mostrou que aquela voz continuaria dentro de mim se eu não fizesse algo internamente para mudá-la.

Eu queria tanto ter entendido que, sim, existem pessoas que estão prontas para te amar do jeitinho que você é ou está. E isso teria me libertado de diversas cobranças e frustrações que não me ajudaram em nada ao longo dos anos. Já perdi muito tempo tentando me adaptar, acreditando piamente que só assim eu poderia ser digna de algo na vida, como carinho e atenção. Por conta disso, acabei ignorando diversas pessoas que estavam à minha volta em diversos momentos. Tudo isso porque tive medo de não ser boa o suficiente, mesmo que isso não fizesse o menor sentido, já que as pessoas que querem estar perto já gostam de você de alguma maneira.

Já tentei provar também para aqueles que gostavam de mim que eles estavam errados. Eu era tão obcecada em ser diferente que não enxergava as pessoas que estavam ali para me aceitar e gostar de mim exatamente como eu era, e acabei afastando-as de mim. Hoje tenho consciência da importância de valorizar essas pessoas que, mesmo vendo meus defeitos, continuam me agregando coisas importantes e me permitem fazer parte de suas histórias também. Essa troca não tem preço. E não estou dizendo que as pessoas que estão comigo não enxergam meus defeitos, mas elas me aceitam e me amam como sou, apesar deles. Você não precisa aceitar todos os defeitos das pessoas ou esperar que elas façam o mesmo por você, mas sim se permitir não ser perfeita e ser merecedora de carinho.

Quantas vezes você já se pegou pensando que as pessoas só vão gostar de você no dia em que for mais (insira aqui alguma coisa) e menos (insira aqui outra coisa). "Só vou namorar quando for mais magra", "Só vou ter amigos quando for mais interessante". Saiba que sempre existem pessoas que estão 100% prontas para você hoje, mesmo que você ainda esteja em processo de mudança e amadurecimento. Todas nós estamos passando por transformações, e você não deixa de ser uma pessoa interessante só porque ainda está se aperfeiçoando psicológica e emocionalmente. Se alguém não quer lidar com quem você é hoje, não merece lidar com a sua melhor versão de amanhã!

15. Não se compare com as pessoas em geral – muito menos com as pessoas da internet.

Essa dica parece óbvia, mas a aplicação é complexa. Sabe quando você se pega se comparando a alguém que viu na internet, seja no Instagram ou no Facebook, seja uma celebridade ou um conhecido seu? Pois é, não faça isso. Vou explicar por quê.

Recentemente, uma pesquisa realizada pela Royal Society for Public Health (instituição de saúde pública britânica) em parceria com o Young Health Movement atestou que redes sociais (YouTube, Facebook, Instagram, Twitter e Snapchat) são mais viciantes do que cigarro e álcool. Segundo a pesquisa, 91% dos usuários ingleses encontram-se na faixa dos 16 aos 24 anos. Enquanto isso, as taxas de ansiedade e depressão aumentaram cerca de 70% nos últimos 25 anos entre a população em geral, e com certeza a influência das redes sociais está relacionada a isso. Sabemos que os jovens são muito vulneráveis enquanto crescem e amadurecem, já que passam por grandes mudanças internas. Além disso, muitas das nossas percepções são definidas nessa fase, quando começamos a descobrir nosso lugar no mundo e o modo como nos relacionamos com ele.

Outra pesquisa realizada pela Amdocs com 4.250 jovens entre 15 e 18 anos em dez países (entre eles o Brasil) afirmou que os adolescentes passam cada vez mais tempo fazendo uso da tecnologia através de dispositivos móveis, sendo que 55% deles acreditam que seus smartphones os tornam mais “legais”. A pesquisa mostrou também que os brasileiros são os maiores usuários do Facebook (94%), YouTube (85%) e WhatsApp (84%).

Ou seja, não tem como fugir: as redes sociais tornaram-se parte fundamental da nossa vida, moldando nossas relações, ajudando a construir nossa identidade e autoexpressão e nos ensinando mais do mundo e da sociedade em que estamos inseridos. Isso faz com que elas estejam diretamente conectadas com nossa saúde mental e psicológica. Ao mesmo tempo que as redes trazem coisas maravilhosas (como informações importantes e conexões com outras pessoas, por exemplo), elas podem influenciar negativamente nossa saúde psicológica, sobretudo quando nos fazem pensar que "a grama do vizinho é sempre mais verde" – e que nada na nossa vida está certo ou é bom o bastante.

Algumas das reações negativas que podem ser despertadas pela internet são:

- *Ansiedade*: sentimento de preocupação extrema ou excessiva com o futuro ou com coisas que estão fora do controle; nervosismo excessivo.
- *Solidão*: sentir-se sozinho por não alimentar relações fortes o bastante.
- *Depressão*: sentir-se extremamente infeliz (ou não sentir nada).
- *Problemas relacionados com a autoimagem corporal*: ver outras pessoas com o corpo mais bonito que o seu pode fazer com que você se sinta extremamente frustrada. Segundo a mesma pesquisa realizada na Inglaterra, nove em cada dez meninas que acessam o Instagram se sentem infelizes com o próprio corpo e pensam em mudar a própria aparência, até mesmo por intervenção cirúrgica.

- *Bullying*: as pessoas ficam expostas a um pesado abuso verbal, uma vez que as ofensas podem ser piores quando emitidas por alguém escondido do outro lado da tela.
- *Criação de uma falsa realidade*: sentir-se mal porque você sempre tem a impressão de que alguém está aproveitando a vida melhor do que você.
- *FoMO*: do termo em inglês *Fear of Missing Out*, é o sentimento de que, se você ficar longe da rede por alguns minutos, pode estar perdendo alguma grande oportunidade; vem daí o vício de não tirar os olhos das redes sociais um segundo sequer.

O que podemos fazer para mudar esse cenário? Como deixar de se comparar tanto com os outros? Em primeiro lugar, é importante lembrar que as redes sociais nunca retratam totalmente a realidade, seja porque as postagens, imagens e vídeos são altamente manipuláveis, seja porque representam um recorte do nosso dia: geralmente as pessoas postam apenas bons momentos, o que pode fazer com que quem assiste sinta que a vida do outro é perfeita. Ninguém vive só de alegrias, realizações ou beleza.

Nós, mulheres, somos bombardeadas com milhares de cobranças externas o tempo todo, mostrando como deveríamos ser e nos portar. O que mais importa para a sociedade é nossa aparência e nosso comportamento, já que são eles que determinariam nosso valor no mundo. O tempo todo somos confrontadas com imagens completamente distorcidas da realidade, mostrando como deveríamos ser. Não existe uma foto sequer nas revistas ou em anúncios que não seja retocada em programas de edição de imagem. E eu, por mais que trabalhe com imagens desse tipo e saiba que muitas são irreais, me sinto diretamente influenciada por elas. Só que ter a consciência não é o bastante para que mudemos a forma como fomos ensinadas a pensar, e isso me causou um problema ao longo da minha vida em relação à minha autoimagem corporal.

Também acho importante lembrar que tendemos a nos comparar sempre de maneira negativa em relação a pessoas ou situações que são consideradas "melhores" do que nós. Por que você não faz diferente? Você pode se comparar com situações semelhantes ou até "piores" do que a sua, pensando algo como: "Posso não estar na melhor fase, mas conheço pessoas que passaram por situações muito mais difíceis e encontraram obstáculos, assim como eu". Quando percebi o poder desse exercício, parei de me comparar com pessoas que, além de terem histórias e contextos completamente diferentes dos meus, eram casos de extrema "exceção". Por exemplo, em vez de me diminuir porque, como alguns empreendedores, não abri minha própria empresa e ganhei meu primeiro milhão antes dos 25 anos (fato que pode gerar frustração para algumas pessoas), pensei no quanto sou privilegiada por ter tido acesso a um curso universitário num país onde existe tanta desigualdade social e em quanto é triste saber que muitas pessoas não terão essa chance. Posso não ter alcançado a mesma coisa que as pessoas que estão no "topo", mas já me faço exceção de alguma forma se eu parar para analisar a grande maioria da população à minha volta. Por isso, procuro sempre ser grata e refletir sobre questões realistas, nunca desconsiderando minha história e meu contexto pessoal.

Então, deixo aqui alguns conselhos:

- Não acredite tão piamente no que é mostrado nas redes sociais. Elas refletem apenas uma parte da realidade e são extremamente manipuláveis.

- Não se compare com o que as pessoas postam, mas enxergue-se a partir da sua própria realidade e daquilo que você vê e pode tocar.
- Escolha com cuidado o conteúdo que vai consumir. Mesmo que de maneira camuflada, ele influencia diretamente sua saúde mental e a forma como você se relaciona com o mundo. É preciso manter um distanciamento saudável de certas coisas e refletir como elas impactam sua vida de modo geral.

16. Para cada pensamento negativo sobre si mesma, mentalize duas coisas positivas.

Não é fácil simplesmente ignorar os pensamentos negativos sobre si mesma (ou no geral sobre qualquer outra coisa na vida), uma vez que eles existem dentro da nossa mente e não têm hora ou lugar para aparecer. Assim como eu disse no desafio 11, não se trata de ignorar os sentimentos ruins; às vezes, é melhor dar espaço para que eles se manifestem, pois assim podemos entendê-los e tratá-los. Até mesmo as coisas negativas têm sua importância. Elas possuem raízes muito bem fincadas dentro de nós e não adianta deixá-las de lado.

Não conseguimos nos sentir bem todos os dias – e tudo bem, isso faz parte da vida. Mas sempre que possível procuro fazer um exercício para lidar com as ideias negativas e tudo mais que estiver me puxando para baixo. Toda vez que tenho um pensamento ruim sobre mim mesma, imediatamente penso em duas coisas boas – seja algo legal que eu tenha feito naquele dia, sejam coisas que eu admire em mim. Ou então eu tento ressignificar aquele pensamento negativo, lançando um novo olhar sobre ele. Sei que, se eu der muito espaço para coisas ruins, posso acabar automaticamente caindo num poço sem fundo, dificultando minha volta à superfície.

Aceite que você é mais do que um momento não tão bom ou um dia em que as coisas fugiram do planejado. Isso faz total diferença. Com o tempo, a tendência é que você passe a identificar com mais facilidade os pensamentos que lhe fazem mal (que normalmente têm a ver com julgamentos ou tentativas de autopunição, frutos de cobranças pessoais). Tendo mais facilidade para identificá-los, você terá mais chances de compreendê-los e não se deixar dominar por eles. Nem sempre será tarefa fácil, porque é uma questão quase que literal de dominar um leão por dia.

Nem sempre nos damos conta de um pensamento ruim, uma vez que eles podem chegar de maneira quase que automática na nossa mente e ali ficam instaurados, envenenando todo o resto. Por vezes, ficamos tão acostumadas com eles que nem nos importamos mais com sua existência – e aí, sem que percebamos, eles nos fazem mal. É difícil explicar como falhamos em identificar pensamentos que nos fazem mal, já que deveríamos de alguma forma conseguir notá-los mais naturalmente. Mas acho que acabamos nos acostumando com a presença deles, e é isso que dificulta a percepção, principalmente quando estamos no piloto automático. Quando você faz o exercício que propus acima, você se dá a chance de melhorar a qualidade de seus pensamentos, já que busca refletir sobre coisas positivas. Podemos ter a impressão de que bons pensamentos exigem força, enquanto os negativos parecem vir com facilidade – e insistem em ficar. Mas não precisa ser assim. Tenho certeza de que pensamentos bons virão com cada vez mais força e naturalidade. Se você não conseguir pensar em algo bom no momento, comece não pensando em coisas ruins, pois assim você já sentirá uma grande diferença no todo.

Vamos imaginar coisas boas hoje?

17. Reflita sobre o que tem tirado a sua paz e se pergunte: "Isso vai importar daqui a um ano?".

Sempre sofri demais pelas coisas, inclusive por aquelas que ainda nem haviam acontecido. Até que um dia percebi que me preocupar antecipadamente não diminuía meu sofrimento no futuro, caso aquela temida coisa realmente acontecesse. Na verdade, só me fazia sofrer em dobro, porque eu ia sofrer de qualquer maneira depois. Pena que demorei muito para entender isso.

Quando digo que sofri muito por coisas que nunca existiram, falo bem sério, sem exageros. Sofri até por coisas que não tinham chance de acontecer no futuro, mas que ainda assim me geravam muito medo porque eram projeções da minha mente. A grande virada foi quando descobri que podemos até antecipar um sofrimento, mas, quando/se o fato que nos aflige realmente acontece, sofremos de novo – agora porque a tão temida questão finalmente virou realidade. Sofrer por antecipação não vai te privar de mais sofrimento no futuro – e pior: pode te causar angústia à toa. E angústia não é um sentimento bom para ficar sentindo por muito tempo. Imagine se essa coisa demorar três meses para acontecer, ou até mesmo dez ou vinte anos? E se, depois de vinte anos, essa coisa nunca acontecer e você tiver passado esse tempo todo sofrendo por algo que existiu só na sua imaginação?

Hoje em dia, quando percebo que estou desperdiçando muita energia em algum pensamento ou medo, tento me esforçar para racionalmente refletir sobre o quanto aquilo vai fazer sentido na minha vida no futuro (seja daqui a meia hora ou dentro de cinco anos). Quando paro para pensar nisso, vejo que são poucas as situações que justificam tanta aflição prévia e energia negativa, porque a maioria das coisas curam-se com o tempo – com mudanças ou com aberturas de novas portas na vida, por exemplo. Ou quem sabe o que tenho medo que aconteça hoje talvez não seja mais uma possibilidade no futuro, simplesmente porque a vida tomou novos rumos e aquilo não mais é um problema. Além disso, existe o velho ditado que diz: "Há males que vêm para o bem".

Uma das piores partes desse processo é ter uma imaginação fértil demais que antecipa certos medos – muitas vezes sem eles terem dado a menor pista de que vão acontecer. Não alimente mais o seu medo do que os seus desejos. Fortaleça a sua vontade de ação, mudança e positividade. O medo pode estar presente, mas ele não pode ser maior do que tudo e te impedir de viver bem.

18. Fazer as coisas por você mesma deve ser suficiente e também fundamental para motivar suas atitudes.

Um dia, enquanto voltava do trabalho, comecei a refletir sobre algo específico que estava fazendo naquela época da minha vida. Era algo em que eu estava investindo tempo, energia e dinheiro.

Acho importante dar atenção a esses momentos em que pensamos sobre nossas atitudes de maneira clara – e desenvolver um diálogo interno a partir disso, nos questionando sempre. Não era a primeira vez que eu me colocava numa situação como aquela, e acabei relembrando outros momentos em que eu tinha fracassado tentando alcançar a mesma coisa. Eu então me perguntei por que funcionaria naquela nova tentativa. Obviamente o fracasso gera frustração, mas tentei entender por que eu havia falhado anteriormente e por qual motivo estava me colocando naquela situação para tentar novamente um resultado positivo. Será que desta vez eu estava tentando do jeito certo ou estava novamente insistindo no erro? Naquele momento, eu só conseguia pensar que precisava tentar algo novo caso quisesse ter um resultado diferente. E, na verdade, o mais importante nesse processo foi que eu questionei, pela primeira vez em muitos anos, o porquê de eu estar fazendo aquilo. E eu nunca tinha colocado essa questão em xeque antes.

Por um momento, uma imensa sensação de vazio se instaurou na minha cabeça, e fiquei em silêncio comigo mesma. Era uma pergunta nova demais para um fato já tão conhecido. Eu não sabia por que estava fazendo aquilo simplesmente porque nunca tinha me feito aquela pergunta antes! No alto dos meus quase 26 anos, eu nunca tinha me dado um motivo verdadeiro – e aí me pergunto como eu poderia ter obtido um resultado positivo se não havia nenhuma razão para alcançar aquele objetivo que eu parecia tanto querer.

Quando refleti e me fixei em obter uma resposta para essa pergunta (porque, acredite, isso realmente muda a perspectiva), respirei o ar mais puro que já entrou no meu peito e a questão ganhou um novo sentido: eu estava fazendo tudo aquilo por mim mesma. Sim, entendi que não queria mais fazer aquilo para agradar ninguém, nem porque esperava obter algo em troca, mas eu estava pela primeira vez conscientemente querendo me aprimorar e fazendo aquilo por mim mesma.

Isso me encheu de alegria e me fez ganhar uma confiança absurda em questão de segundos. Lembro que a resposta demorou para vir – e no começo parece que você grita para o vazio sem obter eco nenhum. Mas, quando ela veio, reverberou dentro de mim. Eu respondi em voz alta: "Estou fazendo isso por mim". Repeti então mais uma vez em voz alta e, na terceira, eu estava enchendo os pulmões para dizer de boca cheia e com orgulho: "Sim, estou fazendo isso por mim mesma".

O que eu acho importante ressaltar aqui é que isso muda totalmente o contexto em que suas atitudes estão inseridas – e, consequentemente, o resultado que você vai obter a partir delas. Quando você faz algo só para agradar alguém, por exemplo, talvez não se mantenha motivada por muito tempo nem obtenha um benefício real no futuro. Até porque, se não for uma vontade genuinamente sua, quando você atingir o objetivo, sentirá um vazio, porque simplesmente não fazia parte do seu desejo. Claro que é sempre bom fazer coisas pelos outros, principalmente por pessoas especiais para nós. Mas estou falando sobre fazer coisas que passem por cima de seus reais desejos e vontades, simplesmente para agradar alguém – e desagradar a si mesma.

É importante refletir sobre as atitudes que tiram sua confiança ou que te prejudicam de alguma forma. Eu, naquele momento, me senti com autonomia sobre minha própria vida quando finalmente consegui responder que eu queria fazer aquilo por mim mesma, independentemente do que as pessoas iriam falar a meu respeito. Com isso, minha perspectiva mudou – e, consequentemente, minhas ações e resultados também. Faça o exercício de questionar-se mais ao invés de apenas seguir o fluxo de modo automático.

19. Olhe para sua criança interior e imagine o que você gostaria de dizer a ela.

Falar com a nossa criança interior. Esse foi um exercício que passei a fazer depois de muito olhar para trás e enxergar um padrão em minhas fotografias de infância. A "Maynarinha" sempre tinha um olhar muito característico. Eu era muito armada contra o mundo, achando que as pessoas me machucariam caso se aproximassem de mim. E assim vivi muitos anos, cheia de incertezas e inseguranças sobre mim e em relação às pessoas à minha volta. Sempre gostei de olhar fotos da infância e ter boas lembranças, mas hoje percebo que aquela menininha precisava ouvir muitas coisas que podiam tê-la ajudado ao longo da vida em diversos momentos. E nada daquilo era culpa dela, que se virou como pôde para sobreviver naquele mundinho tão particular. E ainda hoje há momentos em que enxergo aquele mesmo olhar na Maynara adulta, e isso me faz tentar entender como minha versão do passado ainda se manifesta em mim.

Sempre que faço este exercício, mentalizo aquela criança que precisava de acolhimento e amor e penso que ela de certa forma ainda habita dentro de mim, mesmo que muitos anos e experiências nos separem. Ela com certeza está tatuada em mim, com todas as marcas do que passamos juntas e todas as cicatrizes que curamos ao longo de tanto tempo e tanta história. Ao mesmo tempo que é tão difícil desvendar os mistérios dessa menina, eu sou a pessoa que a conhece melhor, porque compartilhamos os mesmos medos e inseguranças e partilhamos memórias idênticas. Tudo o que ela passou, sentiu e pensou imprime uma infinidade de códigos na minha personalidade, hoje mais madura do que antes. Não tenho mais medo do lobo mau embaixo da cama, mas com certeza sigo tendo minhas inseguranças, manifestadas de maneiras e intensidades diferentes.

Todas as vezes em que me pego sendo dura demais comigo, me culpando, me criticando ou até mesmo me punindo por alguma coisa, tento reproduzir o pensamento em voz alta e me imaginar dizendo aquilo para uma criança. Soaria bom? Positivo? Motivador? Faria aquela criança superar um medo ou um problema, ou causaria exatamente o efeito oposto? Será que as palavras que tenho usado recentemente comigo mesma têm sido carinhosas o bastante? Sabemos que devemos às vezes ser firmes em determinadas situações com nossa criança interior, mas é importante saber diferenciar essa postura daquilo que nos coloca pra baixo. Culpa não nos ajuda em nada e faz com que muitas vezes nos sintamos paralisadas em diversas situações da vida, porque não existe culpa que a impulsione positivamente a algum lugar. A culpa consciente pode nos motivar a fazer algo diferente a partir de uma experiência passada, mas uma culpa que não gera nenhum tipo de transformação nos faz perder a autoconfiança.

É importante lembrar que muitas vezes passamos tempo demais culpando nossa criança interior, o que demonstra um senso de autocrítica bem elevado. Essa crítica passa longe de ser construtiva, ou seja, não é aquela que nos ajuda a crescer de alguma forma. Imagine essa criança e pense em como ajudá-la numa situação difícil, ou até mesmo como abrir seus olhos para que ela enxergue a vida de outra forma. Sempre que penso nisso, fico refletindo sobre como eu gostaria de ter entendido diversas coisas na vida, que teriam tornado a jornada muito mais fácil. Porém, cada um tem seu tempo de aprendizado, algo que acredito que está em constante movimento e aprimoramento. Não quero culpar essa criança que não sabia de tantas coisas que hoje podem parecer óbvias, mas que ninguém nunca explicou a ela anteriormente – e, assim, ela não tinha chances de enxergar além, nem de entender o que poderia ser óbvio para outras pessoas.

Então, pense: se pudesse se ajoelhar e conversar com a sua versão criança, olhando direto em seus olhos, o que você gostaria de dizer? Que tom você usaria? Nossa criança interior às vezes grita por socorro e nem sempre a ouvimos como deveríamos. Se dê essa chance, seja mais carinhosa e paciente. Incentive-se de maneira positiva. Converse com essa criança e diga a ela que tudo vai ficar bem, com um tom tão carinhoso que ela vai se sentir abraçada, acolhida e segura.

20. Não deixe que medos ou fracassos matem seus sonhos.

Este é o conselho que vem de alguém que já morreu de medo de tudo (tudo mesmo), até das coisas darem "certo demais": sim, eu mesma. Tinha medo que as coisas dessem certo, que dessem errado, que dessem mais ou menos certo, ou 33% errado. Ironicamente, se algo desse muito certo, eu até estranhava, porque até parece que eu ia merecer algo tão bom, né? O famoso "é bom demais pra ser verdade". Então, sempre estive envolta em muito medo e insegurança. Até onde não tinha mais espaço para ter medo, eu conseguia enfiar um pouco dele nos mínimos espaços vazios e criar paranoias que matavam aos poucos minha energia de fazer algo acontecer. E acho que muita gente se sente assim. Em alguns momentos da vida, parece que, se algo der um pouco errado ou não sair exatamente como esperávamos, já é motivo suficiente para acreditarmos que "não era pra ser", e aí desistimos de uma vontade ou sonho, só porque o processo não estava completamente alinhado com nosso conceito de "certo".

Em primeiro lugar, lembre-se de que os conceitos de "certo" e "errado" são muito relativos. Por exemplo, o que para você é "certo" hoje pode não te parecer mais certo no futuro, porque, quando você muda, suas perspectivas mudam também. Ou então o que te traz um gosto amargo no presente é o que pode te fazer caminhar para outros lados e tomar outras decisões futuramente, levando-a a descobrir lugares, pessoas, experiências e gerando um sucesso a partir de algo que você jamais poderia esperar, caso tivesse seguido com seu plano inicial. Nossa vida está sempre em constante mudança, e é isso que nos permite ter experiências boas e ruins, que fazem parte da nossa evolução e do nosso aprendizado diário.

Não deixe que o medo a impeça de tomar atitudes ou caminhar. Embora esse sentimento muitas vezes a proteja, ele também te coloca numa posição em que fica difícil crescer e mudar. O medo muitas vezes nos paralisa e nos faz regredir, porque deixamos de acreditar que um sonho ou desejo seja possível. Não estou dizendo para você ignorar seu medo, mas sim para abraçá-lo e ficar confortável com ele, sem se deixar imobilizar. O medo é necessário e inerente, mas não pode ser o fator primordial que vai controlar sua vida e suas decisões.

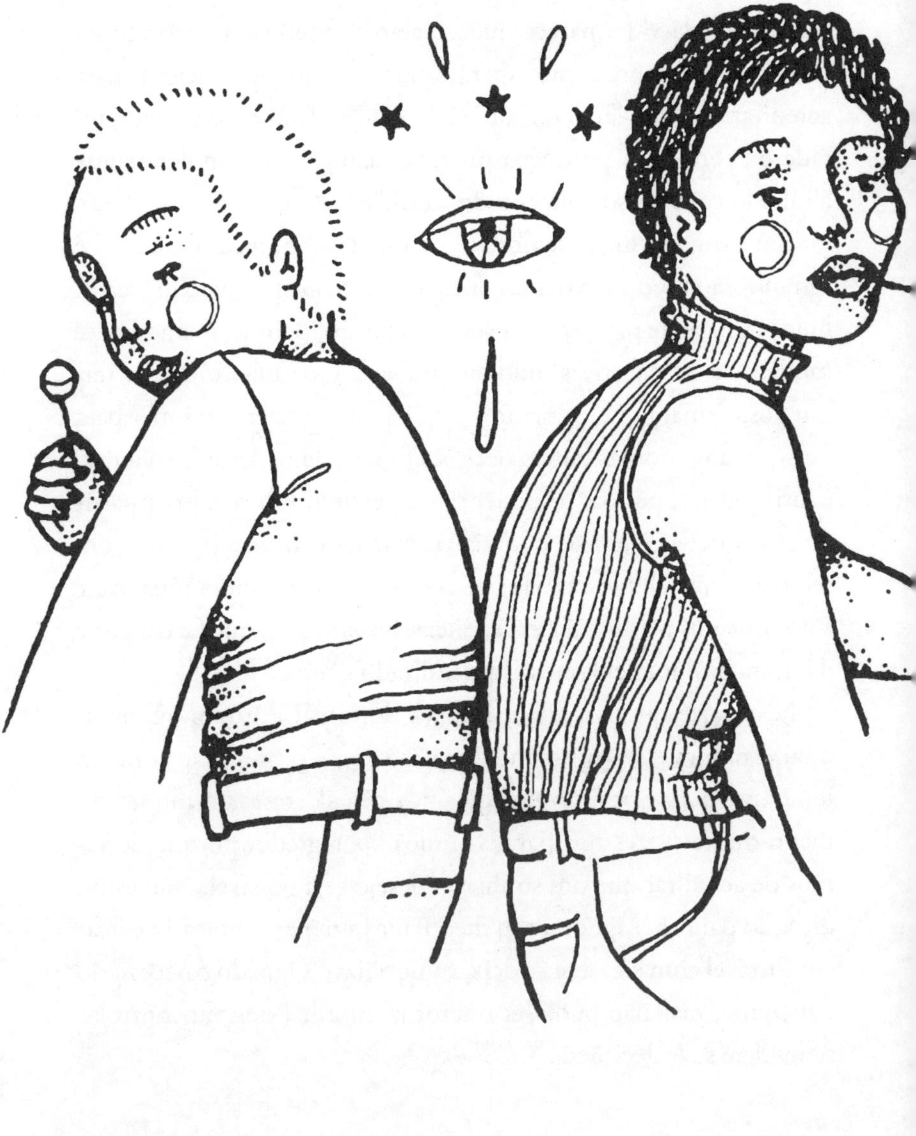

21. Muna-se de boas referências que pareçam com você e que sejam possíveis.

Pode parecer absurdo, mas só entendi esse conceito muito recentemente (mas... antes tarde do que nunca). Ao mesmo tempo que sempre compreendi, de maneira consciente, que sou uma pessoa única no mundo, carregando minha própria história e características específicas, só aos poucos fui percebendo a importância de me cercar de boas referências. Mas notei que não bastava ter boas referências, era preciso que eu estivesse cercada de pessoas que me trouxessem inspiração, que se alinhassem com quem eu era e, principalmente, que fossem referências reais e possíveis.

Recentemente, enquanto observava meus *feeds* do Facebook e do Instagram, percebi que estava seguindo muitas pessoas completamente diferentes de mim. Claro, é importante ter contato com a diversidade e entender que o mundo vai além do meu umbigo, mas percebi que, em algumas situações, o efeito que aquilo causava em mim não estava refletindo positivamente na minha vida, sobretudo porque eram pessoas que pareciam inalcançáveis por pregarem a perfeição. Devemos celebrar as diferenças sempre, mas será que você está cercada também de exemplos de pessoas que parecem com você de alguma forma? Você precisa de pessoas que te sirvam de inspiração e que de alguma forma dialoguem com o que é possível para você, em vez de apenas te causarem frustração.

Passei anos seguindo pessoas que tinham corpos muito diferentes do meu e hoje percebo o quanto é importante me cercar de pessoas que me inspirem, mas que tenham o mesmo biotipo que eu, por exemplo. Sou uma mulher de quase 1,80 metro com quadris largos e pernas grossas. Vivi muito tempo em absoluta e constante paranoia acreditando que eu poderia me comparar a uma mulher com 20 centímetros a menos e um corpo com uma estrutura completamente diferente da minha. Por anos, isso me causou frustração comigo mesma, simplesmente porque eu era diferente e nunca fiz ou faria aquele biotipo baixo e magro, com pernas finas e ossos estreitos e longilíneos. Ainda é difícil, em um mundo onde confiamos piamente naquilo que nossos olhos veem, não me comparar com pessoas completamente diferentes de mim – mesmo que eu saiba que existem muitas edições por trás daquele mundo "perfeito" do *feed* das redes sociais (veja o desafio 15).

Foi então que me propus o exercício de passar a ver beleza e valor em mim, procurando referências parecidas comigo no mundo externo. Ver beleza em alguém similar a mim foi uma ferramenta fundamental para que eu visse beleza em mim também.

Seja na internet, nas ruas ou em outros círculos de amizade, preencha sua vida de bons exemplos e de pessoas que te inspirem positivamente, que te façam enxergar significado naquilo que te reflete de alguma forma – seja por dentro ou por fora. Faça o seguinte exercício: quem te motiva a ser uma pessoa melhor e faz com que você abrace suas particularidades e quem faz você se sentir mal ou culpada por ser diferente? Você tem se comparado a pessoas que são reais e possíveis dentro do seu contexto ou tem tomado referências completamente "montadas", cheias de "verdades maquiadas"? Se for para seguir pessoas completamente diferentes de você, que elas sejam uma inspiração real e verdadeira, porque você as admira ou porque almeja algo que elas conquistaram, por exemplo.

Quem são seus exemplos incríveis? Faça uma lista e compartilhe suas inspirações positivas e reais!

22. Essa fase ruim vai passar. E a boa também.

A vida é cheia de altos e baixos. Como já mencionei, não existe um gráfico em linha reta que expresse verdadeiramente o início e o final de um processo, principalmente quando estamos falando de coisas em constante mudança, como nossa vida, nossos sentimentos e sensações, por exemplo. Somos diretamente influenciadas pelas experiências que vivenciamos – e não somos inatingíveis ou inabaláveis, tampouco permanecemos imunes aos acontecimentos. Ficamos tristes com uma frustração, com o término de um relacionamento, um fracasso no trabalho, um plano que não saiu como esperávamos. Ao mesmo tempo, ficamos felizes com coisas que podem às vezes parecer pequenas, mas que nos causam imenso prazer ou satisfação. Nutrimos sentimentos bons e ruins, que vêm e vão, às vezes sem hora para chegar ou desaparecer. Hoje em dia, não acredito na felicidade como "fim", mas sim como processo. Às vezes ficamos tão focados em atingir esse estado "final" que não aproveitamos o caminho para chegar até lá, as pequenas alegrias que fazem parte da caminhada.

Sempre que estou vivendo uma fase, seja ela boa ou ruim, penso que ela vai passar, porque isso faz parte do processo natural da vida. Não que eu seja pessimista ou otimista, mas tento balancear a realidade sabendo que a vida é mutável e que tudo passa, tanto o que é bom quanto o que é ruim. E o tempo talvez seja nosso bem mais precioso, já que não existe dinheiro no mundo que possa comprá-lo – e, uma vez perdido, ele não volta mais. Isso me ajuda a colocar mais esforços para aproveitar as fases boas ao máximo, porque sei que elas são passageiras – e me ajuda a respirar fundo durante as fases ruins, porque sei que elas vão passar também. Não se trata de ignorar a fase ruim ou não considerar sua importância, mas sim saber que ela vai passar de alguma maneira.

É comum que, em fases ruins ou processos dolorosos, nos encontremos mergulhadas em uma sensação de que aquilo não vai ter fim. Mas precisamos viver a dor e passar por todos os processos que ela envolve, tendo consciência de que essa fase vai acabar em algum momento – por mais que pareça que ela não vai embora nunca mais. Não se coloque tanta pressão para acabar com a dor, porque ela precisa ser vivida para ser expelida de alguma forma.

Assim, aproveite ao máximo sua fase positiva e tente aprender o que for possível com a fase negativa. E, se estiver passando por um momento difícil, espero que ele termine logo e que você consiga superá-lo da melhor maneira possível. Não se cobre tanto nas marés baixas e também não desvalorize as marés altas. Tudo vai passar.

23. Converse consigo mesma em voz alta.

Imagine que sua mente seja um grande caldeirão cheio de pensamentos, sentimentos, lembranças e percepções, que estão formando conexões e sinapses a todo instante. Ao longo da vida, não paramos muito para perceber ou interpretar racionalmente tudo o que absorvemos a partir de nossas experiências pessoais, nem o que nos é jogado (e por vezes imposto) pela sociedade. Quando você faz o exercício de conversar consigo mesma em voz alta, é como se estivesse narrando uma história, e, para isso, precisa organizar uma linha de pensamento e pinçar ideias e sentimentos, já que precisa se fazer compreensível para seu ouvinte – no caso, você mesma.

Por diversas vezes enquanto praticava essa conversa em voz alta, tive um primeiro contato com ideias que estavam dentro de mim, mas sobre as quais nunca tinha parado para refletir, simplesmente porque nunca as tinha externado antes. Sabe quando você está conversando com uma amiga e de repente tem um *insight* de algo que nunca tinha analisado anteriormente daquela maneira? É como se você estivesse pescando ideias e as colocando no mundo real, dando vida a elas e as validando também. Além disso, falar consigo mesma em voz alta pode ajudá-la a elaborar melhor um assunto que talvez seja delicado, mas que você sente que precisa colocar para fora de alguma maneira. Quanto mais você consegue falar sobre uma questão, mais natural ela tende a ser para você.

Conversar comigo mesma também me ajudou como forma de aconselhamento pessoal. Nem sempre temos amigos ou pessoas dispostas a nos ouvir ou nos abraçar com paciência e carinho. Quando faço o exercício de falar em voz alta, consigo refletir melhor sobre determinada situação, uma vez que tento explicar a mim mesma o que estou sentindo e então compreender aquilo que estou vivendo.

Trate-se como se você fosse uma grande amiga que gosta de sair, tomar um café e passar horas e mais horas conversando, desabafando. O mais importante é não julgar o que estiver saindo de você. Converse com amor e cuidado e se dê a atenção merecida. Ter essa conversa pode fazer nascer um laço que a cada dia se fortalecerá dentro de você.

Tente fazer este exercício quando estiver sozinha, olhando no espelho ou não. Tenho certeza de que você vai descobrir coisas novas no meio do caminho, além de aprender cada vez mais a apreciar sua própria companhia. Você pode acabar descobrindo uma nova e incrível ouvinte.

24. Dar um passo para trás não necessariamente significa regredir.

Temos a mania de pensar que dar um passo para trás significa sempre algo negativo e nos martirizamos quando precisamos tomar esse tipo de atitude – que nem sempre é uma escolha, mas pode ser uma ação necessária no processo. Tente enxergar esses movimentos – que não necessariamente vão em direção ao seu objetivo principal – como importantes para que você consiga pegar um impulso maior e saltar para mais longe num futuro próximo, como um fôlego extra para mergulhar mais profundamente e progredir rumo ao seu destino.

No desafio 22, falamos sobre o fato de que você terá que lidar com dias bons e ruins ao longo do caminho porque isso faz parte do processo natural da vida, mas permitir-se ter esses momentos de recolhimento é fundamental. Você precisa aprender a enfrentar sua própria vulnerabilidade, que muitas vezes vem à tona quando menos esperamos. Saber quando dar um ou mais passos para trás faz parte do amadurecimento – e aprender a lidar com isso também.

Sempre precisei conviver com uma tendência pessoal que me leva aos extremos em diversos âmbitos da minha vida, o famoso "é tudo ou nada". Assim, se por qualquer motivo eu demonstrasse um pequeno sinal de regressão em algum sentido ou percebesse algumas coisas fora do controle, já me colocava no extremo da negatividade, pensando que eu tinha fracassado totalmente – e, por consequência, invalidava todos os meus esforços até aquele momento, me culpando por ter atingido aquele estado. Isso já me fez desistir de diversas coisas que para mim eram muito importantes, mas que deixei para trás por conta de um pequeno retrocesso ou uma atitude que considerei errada. Joguei coisas para o alto como se nada mais pudesse ser feito para remediar a situação. Hoje sei que a vida é feita de momentos – há aqueles em que tudo parece fluir bem e outros em que as coisas estão completamente enroscadas e não me deixam sair do lugar. Mas um passo para trás, uma necessidade de respiro ou um erro não necessariamente colocam tudo a perder. O resultado, seja ele o sucesso ou não, é sempre formado por uma jornada de acertos e erros. A pior parte, na minha opinião, é que esses momentos de "enrosco" criam pensamentos negativos em sua mente, gerando um círculo interminável em que você mesma alimenta seus medos e incertezas, afundando-se cada vez mais em um buraco onde nada parece fazer sentido, como se não houvesse mais esperança. Mas é preciso respirar fundo e saber que, de alguma maneira, um passo para trás pode estar salvando energia para ser aplicada no futuro.

Sabe aquela história de que às vezes é necessário dar um passo para trás para poder dar dois para a frente? Não encare esses momentos como negativos, porque às vezes precisamos de um respiro para continuar a caminhada. Não se culpe por isso, faz parte do processo!

25. Melhore sua relação com a comida.

Não consigo lembrar exatamente quando a comida passou a ser um martírio na minha vida, mas posso dizer que sempre tive questões com meu corpo e com minha aparência. Durante muitos anos, fugi de mim mesma porque não estava feliz com o que enxergava no espelho – e desenvolvi verdadeiro pânico por atitudes corriqueiras como simplesmente "pensar" em comida. Uma das piores partes era saber que ela estaria presente em diversos momentos do meu dia, já que as refeições fazem parte da rotina do ser humano – trata-se de uma necessidade biológica. Não só da rotina pessoal, mas também existe uma questão cultural em que a comida está presente em atos de socialização, seja com familiares ou amigos. Cozinhar para alguém também pode ser um ato de carinho e uma demonstração de afeto em relação a outra pessoa. Por diversas vezes, deixei de encontrar gente, sair de casa, dividir momentos ou aceitar demonstrações de carinho por medo da comida, por receio de não conseguir me controlar caso ela estivesse presente. E sei que não sou a única que passou por isso.

Durante muito tempo, a comida foi o centro da minha vida e dominou 100% dos meus pensamentos. Eu me odiava todas as vezes que comia coisas que achava que não deveria e me considerava fraca, inútil por não resistir aos alimentos enquanto "tentações" – eu havia criado uma verdadeira fobia alimentar. Muitas vezes tive raiva e usei palavras ofensivas e pesadas em relação a mim mesma e ao meu corpo, me culpando por estar naquele lugar, uma vez que eu nunca tinha conquistado o corpo "perfeito" – e nem conseguiria, se continuasse com aquela atitude tão "absurda" de comer, segundo minha mente deturpada na época. Hoje vejo que eu não estava sozinha nessa luta. Os números de obesidade só aumentam a cada ano segundo as pesquisas, ao mesmo tempo que cresce nosso acesso à informação em relação a dietas e alimentação. Por que a conta "não fecha"?

Eu me lembro da primeira vez que fui ao nutricionista. Tinha 12 anos e me achava gorda. Logo depois da primeira consulta, escrevi um poema que resumia o fato de que eu nunca conseguiria ser magra se continuasse comendo bolacha recheada. Acho que essa preocupação excessiva e obcecada com meu corpo começou sobretudo quando deixei de ser criança e passei a ser cobrada para atender ao padrão físico que era esperado de mim como mulher – principalmente porque o corpo da mulher é aquisição pública e deve respeitar às imposições sociais, atendendo expectativas externas. Eu ainda não era uma mulher adulta, mas já me sentia fora de um padrão que a sociedade exigia do meu gênero.

A gordofobia (preconceito, discriminação estrutural e aversão em relação a pessoas gordas e seus corpos) já é um problema enraizado na nossa sociedade, e as mulheres, mais especificamente, são cobradas para ter o "corpo perfeito", malhado – e nos fazem acreditar que isso é natural. Contabilizo pelo menos 14 anos da minha vida fazendo todas as dietas possíveis e imagináveis, nutrindo uma relação completamente tóxica com a alimentação, o que me faz pensar que perdi mais da metade da vida sofrendo com isso, se considerarmos meus atuais 26 anos. Dieta da lua, dieta da sopa, dieta sem carboidratos, dieta do ovo, dieta do abacaxi. Com certeza, você já ouviu falar de alguma delas (ou até mesmo tentou segui-las).

Como bem disse a escritora Naomi Wolf em *O mito da beleza*: "Uma cultura obcecada por magreza feminina não é obcecada pela beleza da mulher, mas sim pela obediência feminina. A dieta é o sedativo político mais potente na história da mulher, uma população levemente louca é uma população dócil".

Depois de tanto tempo vivendo um absoluto pesadelo em relação à alimentação, chegou um momento em que cansei de fugir da comida com tanta veemência. Entendi que não aguentava mais investir tanto tempo e energia em ter pavor de comida ou culpa por pensar nisso. Sinto que é como se eu tivesse acordado de um sono profundo, sem saber que estivera presa nele por tanto tempo. Depois que me dei conta dessa sensação, a palavra que melhor define o que eu estava sentindo depois de tantos anos de preocupação obcecada e excessiva é "cansaço". Eu estava absolutamente exausta, exaurida, cheia – e vazia. É como se eu tivesse vivido anos sedada buscando um corpo que eu não poderia alcançar ou acreditando que este era (ou deveria ser) meu objetivo de vida antes que eu pudesse atingir alguma espécie de felicidade, antes de ser amada ou de ser alguém na vida, segundo o que a sociedade nos ensina. Essas ideias logo me fazem pensar que uma mulher que despende tanto tempo e energia em emagrecer não tem energia mental e física para se concentrar em mais nada, seja em sua carreira, em seus sonhos ou até mesmo em ser mais ativa social e politicamente na sociedade. Fomos "sedadas", como disse Naomi – e, assim, estamos fadadas ao fracasso e à frustração de não conseguir atingir o que por si só é inatingível.

Olhando para trás, eu gostaria de ter conversado mais comigo mesma e entendido melhor o que compreendo e vejo hoje. Acredito que depois de tantos anos de terrorismo alimentar, com o mundo me dizendo o que comer ou não (e me fazendo me sentir culpada por pensar nos alimentos considerados "vilões"), desenvolvi uma relação doentia com a comida. No embate diário entre a comida "boa" e a "ruim", acabamos nos tornando meras coadjuvantes em nossa própria vida. Quanto tempo perdi pensando nisso obsessivamente? Quanta culpa e frustração despejei em cima de mim mesma por ingerir alimentos e fornecer energia para meu corpo? De quantos momentos de prazer com amigos abdiquei só para ficar longe da comida?

Com o acúmulo de diversos sentimentos negativos, desenvolvi ao longo dos anos o chamado "comer transtornado", que às vezes se manifesta na forma de comer por estar triste, ansiosa ou com culpa, ou simplesmente não comia como maneira punitiva ou com o intuito de restringir a ingestão de calorias. Privei meu corpo, me puni, vivi uma vida baseada no medo e na culpa. Toda essa pressão faz com que esqueçamos que a função basal do alimento é prover energia para nutrir nossos órgãos e nos proporcionar um meio de executar tarefas básicas – como respirar e caminhar, por exemplo.

Hoje percebo como é importante buscar ajuda para redefinir essa relação que muitas vezes acaba se tornando nociva. Privar-se de alimentos, a não ser que você viva em um quarto fechado sem acesso ao mundo exterior, é privar-se de momentos com os amigos só porque você tem medo do que vai comer em determinado restaurante ou evento. É deixar de investir tempo e energia em coisas que seriam produtivas para focar em paranoias nada construtivas a respeito do seu corpo. É alimentar um ódio extremamente nocivo contra si própria. Deixar de comer é submeter seu organismo a um nível de estresse desnecessário que vai afetar não apenas suas funções biológicas, mas principalmente seu psicológico. Quando a comida passa a ser o mote central da sua vida, definindo todo o resto de suas atitudes e escolhas, você passa a ser controlada por ela – e desenvolve o medo. Viver com medo à sua volta o tempo todo não faz bem. Principalmente quando estamos falando de algo que a mantém viva e que é combustível para fazer o seu corpo funcionar.

Então, convido você a refletir. Se você passa por esses mesmos problemas em relação à comida, pergunte-se: "Posso até querer mudar meu corpo ou melhorar minha saúde, mas como a punição e o ódio vão ajudar nesse processo?". É preciso amar-se antes de qualquer coisa, aceitando o que você tem hoje – e não esperando atingir um objetivo no futuro para então começar a gostar de si. Fato: não dá para cuidar daquilo que a gente odeia, e hoje vejo isso. Eu precisei chegar ao limite da exaustão para conseguir falar sobre isso e então descobri que muitas outras mulheres passavam pelo mesmo dilema. Quando vamos falar sobre comida saudável sem terrorismo nutricional?

Temos que recuperar uma boa relação com o alimento urgentemente, antes que nos afundemos cada vez mais em números absurdos de mulheres que desenvolvem distúrbios alimentares (fora aquelas que escondem o problema durante anos, sofrendo em silêncio). Eu sofri em silêncio, mas não aguento mais. Depois de anos em guerra, alguém dentro de nós mesmas tem que levantar a bandeira de que não adianta apenas fazer reeducação alimentar, é preciso repensar nossa relação com a comida. Levanto a bandeira branca como sinal de paz e me rendo, e quero recomeçar e reaprender tudo sobre alimentação. Certamente que 14 anos de má relação não vão se transformar da noite para o dia – e vejo um caminho longo e diário pela frente –, mas sinto que é preciso começar em algum momento e fazer isso por mim mesma. Por que você não faz o mesmo?

26. Não é consentimento se você diz "sim" só por medo de dizer "não".

Um dos conceitos mais difíceis de ser definido é o "consentimento". Não só por ele ser culturalmente considerado relativo pela sociedade machista, como também porque seu uso pode envolver consequências negativas para nós, mulheres – já que podemos nos encontrar em situações em que temos medo de falar "não" e nos sentimos coagidas a dizer "sim". Acredito que isso aconteça principalmente porque a sociedade não ensina os homens no geral a não ultrapassar certos limites em relação às mulheres e não possibilita que nosso "não" seja plenamente aceito e respeitado. Segundo o contexto misógino em que estamos inseridas, é como se o corpo, as emoções e as atitudes da mulher fossem públicos e qualquer um pudesse ter acesso a eles. Partindo desse princípio, falar sobre consentimento já se torna uma ação difícil por si só, já que nosso espaço pessoal nem sempre é respeitado.

O que eu acho ainda mais complexo de ser entendido é o real sentido do consentimento para cada uma de nós, quando nos questionamos profundamente sobre isso. Muitas vezes, tomamos atitudes com base em fatores externos que nos influenciam diretamente – ou seja, tomamos decisões seguindo o que os outros querem, seja por medo ou insegurança pessoal. É como quando alguém ameaça sua integridade física e pede que você faça algo. A partir do momento em que você age em direção ao que a outra pessoa pede, já não é mais uma questão de que você está consentindo aquele ato ou concordando com ele – você está seguindo um instinto de sobrevivência a partir de uma ameaça à sua própria vida ou à sua integridade física ou psicológica

Isso se aplica diariamente na vida das mulheres, em diferentes contextos e proporções. Por diversas vezes, conversei com mulheres que diziam que praticavam relações sexuais com seus parceiros para agradá-los, mesmo quando elas não estavam com vontade. Apesar de saberem racionalmente que não queriam fazer aquilo, emocionalmente sentiam uma pressão pessoal que as fazia ir contra o que elas queriam naquela situação, por medo e insegurança. Insegurança porque, segundo ditos populares, se o homem não tiver "o que quer" dentro de casa, vai buscar fora dela. Na sociedade, mulheres são feitas para agradar os homens e devem estar sempre prontas para tal. Então será que apenas o consentimento de dizer "sim" basta, nesse tipo de situação?

Fico pensando que conceito deturpado de consentimento é esse quando você faz algo puramente porque tem medo do que pode acontecer caso não o faça, mesmo que esteja indo totalmente contra sua vontade. A quantas coisas você só disse "sim" por medo de dizer "não", ou quantas coisas fez apenas para agradar alguém (e acabou indo contra o que você queria, às vezes colocando em risco sua saúde física e psicológica)?

É importante diferenciar a tentativa de agradar pessoas que amamos de atitudes que vão contra nossa vontade, mas que tomamos apenas por medo do que poderia nos acontecer caso não fizéssemos algo. Converse consigo mesma e procure entender qual é seu conceito de consentimento e como você o tem aplicado na sua vida. Reflita se ele está alinhado com suas vontades ou se você tem passado por cima de si mesma por conta de suas inseguranças. Pense no que você pode fazer para mudar essa situação e quais ferramentas estão disponíveis para isso.

27. Você é incrível demais para sofrer por pessoas ou relações "mais ou menos".

Entre todas as mulheres que já conheci em minha vida, talvez eu seja a que menos esteve envolvida em relações amorosas. Acho que justamente por isso tive a oportunidade de, no passado, olhar para as situações que elas viviam com um certo distanciamento – e fui capaz de enxergar coisas que as mulheres do meu círculo não necessariamente conseguiam ver por estarem tão profundamente imersas naquelas situações. Por incontáveis vezes vi mulheres incríveis e admiráveis sofrendo em relacionamentos nos quais elas não eram devidamente valorizadas; ou mulheres que passavam um tempo considerável se diminuindo ou sofrendo por pessoas que as tratavam mal, com indiferença ou sem respeito.

De início tive dificuldade de entender por que tantas delas se colocavam naquelas situações em que visivelmente não estavam felizes, só porque acreditavam que não conseguiriam nada melhor do que já tinham em seus relacionamentos. Não acredito muito na ideia de que as pessoas se colocam nessas situações porque querem, mas tento entender o que as faz achar que aquilo é o que elas verdadeiramente podem ou merecem ter. Vendo aquilo de fora, eu me frustrava ao observar o quanto mulheres tão incríveis e únicas eram capazes de suportar de seus respectivos parceiros em relações abusivas ou problemáticas simplesmente por não conseguirem acreditar que pudesse existir algo além daquilo – ou não se considerando boas o suficiente para "exigir" mais. Lembrando que não há nada de errado em exigir coisas consideradas básicas dentro de uma relação saudável e frutífera. Acho incrível quando mulheres percebem que não estão "pedindo demais" por fazerem exigências básicas em relacionamentos positivos.

Se você parar para fazer uma análise mais crítica dessas relações, vai perceber que elas geralmente são romantizadas, ou seja, a mulher é sempre quem abre mão de "exigências" para se contentar com aquilo que o parceiro tem a oferecer. É como se não devêssemos pedir nada além do que aquilo que nos é dado, porque não somos merecedoras de relações positivas, construtivas e de carinho. Muitas vezes, vi amigas, familiares e até mesmo desconhecidas se sujeitando a situações ruins ou desconfortáveis a troco de "um pão velho e duro".

Recentemente, durante uma conversa em um evento do trabalho, uma de minhas colegas disse em voz alta: "Sabe que nós, mulheres, sempre vamos sofrer pelo cara que é cafajeste e um traste, né? Aquela tendência que temos de gostar de quem não nos dá atenção?". Na hora, consegui enxergar o ponto de partida do pensamento dela – afinal, realmente muitas mulheres se encontram nessa situação problemática. Mas queria que ela tentasse explicar para si mesma aquela ideia, a fim de desconstruir o pensamento que estava plantado ali. Então perguntei: "Não sei! Como é isso?". Eu, sendo uma pessoa que sempre abominou esse tipo de comportamento, sou a primeira a sair correndo quando conheço alguém assim, porque definitivamente não é um tipo que eu considero atrativo. Quando ela foi tentar me explicar, não conseguiu achar uma maneira de me dizer aquilo de uma maneira que fizesse sentido (nem para ela mesma). Ela então percebeu que esse é provavelmente um conceito imposto e enraizado na nossa sociedade, com o qual ela não necessariamente concorda nem mesmo aplica em sua vida (já que ela é casada e seu parceiro pelo visto não tem nada a ver com o conceito que ela mesma apresentou), mas apenas reproduz sem refletir muito a respeito. Acho importante esse tipo de exercício de questionar um pensamento de outra pessoa para que ela tente te explicar um conceito que, a princípio, parece óbvio. Até que, ao tentar explicar, ela percebe por ela mesma que não faz sentido nenhum. E é dessa forma que mudamos nossos paradigmas e os das outras pessoas também.

Toda essa história me faz parar para pensar em quantas mulheres hoje estão em relacionamentos exigindo muito menos de seus companheiros. E, quando exigem, são taxadas de "inseguras", "chatas", "loucas" ou "frágeis". Nossa autoestima é sempre diminuída e, ao longo da vida, observamos as tentativas que a sociedade faz de limá-la. Somos ensinadas a nos contentar com migalhas e nem nos atrevemos a pedir mais, já que temos medo de ser "exigentes demais". Quando recebemos uma fagulha de atenção, já nos sentimos especiais, como se tivéssemos conquistado algo que não fosse nosso por direito.

Sinto que muitas mulheres seguem em relações assim simplesmente porque é o que a sociedade ensinou que elas merecem. Mas, como você deve saber, a sociedade nem sempre está certa em relação ao que é melhor para você, principalmente se você for mulher. Não sofra por pessoas ou situações "mais ou menos". Saiba o que vale a pena realmente, porque você merece mais do que isso.

28. Você não precisa justificar o corpo que tem.

De alguma forma, sinto que sempre tive que justificar meu corpo para os outros, mesmo que ninguém estivesse me cobrando isso diretamente nem perguntando em voz alta. É como se existisse uma voz dentro de mim que dissesse que preciso explicar os fatores que me levaram a ter o corpo que tenho hoje. Sabemos que a pressão por um corpo ideal e "perfeito" existe para todas as mulheres e que, mesmo que nos encaixemos nesse padrão, estamos em constante vigilância para não sair dele nunca – o que é humanamente impossível, já que nosso corpo passa por diversas transformações naturais ao longo da vida, bem como por transformações que nós mesmas provocamos intencionalmente.

Eu mesma já mudei de corpo diversas vezes ao longo do tempo, principalmente por fazer dietas descabidas e lidar com problemas de autoimagem corporal que fizeram parte da minha história – e continuam fazendo com as marcas que deixaram. Além disso, meu corpo é cheio de marcas que contam um pouco de quem fui ao longo da vida, seja através de estrias, cicatrizes, celulite, manchas, pintas ou tatuagens. Já cheguei a emagrecer muito em períodos em que passei por problemas emocionais, assim como já descontei emoções na comida, o que me fez engordar novamente. Já estive em processos obsessivos com a alimentação (como contei no desafio 25) e vivi momentos ruins com meu corpo. Cresci muito rápido e, com apenas 9 anos, já vi as primeiras estrias aparecendo no meu corpo em transformação. Porém, independentemente de estar mais magra ou mais gorda, sempre senti uma necessidade de justificar o corpo que eu tinha, como se eu devesse alguma explicação para o mundo sobre minhas oscilações de peso, ou sobre decidir fazer academia ou não.

Nos momentos em que eu estava mais atarefada com minha vida pessoal e profissional (e não tinha tempo nem energia para investir em exercícios físicos, por exemplo), tentava explicar para os outros que o excesso de peso fazia parte da impossibilidade de colocar uma atividade física em minha rotina atribulada. Aliás, olha aí eu me explicando de novo. Seria irônico se não fosse... irônico.

Inúmeras vezes, senti a pressão de ter que justificar um ganho ou perda de peso. "Estou passando por uma fase difícil", eu pensava, e dizia o mesmo para todo mundo quando questionada. A grande questão aqui não é dizer o que é certo ou errado, ou se eu deveria estar fazendo exercícios ou não. O problema é sentir que eu, enquanto mulher, devo constantemente alguma satisfação para as outras pessoas sobre os motivos que levaram meu corpo a estar do jeito em que ele se encontra no momento, porque ele de alguma forma é considerado "público" aos olhos da sociedade.

As mulheres também costumam ouvir diversos comentários a respeito de sua forma física, peso ou estrutura, mas penso que essas informações nem sempre são bem-vindas – afinal, se você não foi consultado a dizer algo, é porque a pessoa não tem interesse em saber a sua opinião. Sem contar que, em diversos momentos, ouvi comentários de amigos e familiares que pensavam estar me "elogiando" por eu ter perdido uma grande quantia de peso em pouco tempo, quando na verdade eu estava passando por um processo emocional extremamente difícil que me fazia perder a fome. Eu estava morrendo por dentro, mas, para os olhos dos outros, o que importava é que eu estava "magra". Aí vem outro erro das pessoas: elas acham que é um elogio dizer que alguém emagreceu. No entanto, além de considerarmos que o conceito de magreza é uma ideia perpetuada numa sociedade gordofóbica, esse tipo de comentário mostra uma certa falta de empatia, porque você não sabe o processo que levou a pessoa a atingir aquele determinado estado físico – nem o processo pelo qual ela pode ainda estar passando, como um transtorno alimentar, por exemplo. Sempre senti também uma pressão vinda da minha família, provavelmente porque, quando tentavam esboçar algum comentário sobre a minha vida, acabavam falando de meu peso e do meu corpo. Mas não é culpa deles. A sociedade no geral é assim, o que faz com que as pessoas reproduzam facilmente esse tipo de pensamento e comportamento.

Conheci uma mulher que passou por diversos processos pessoais ao longo de um ano e meio. Ela mudou de país (tendo que conviver com uma nova vida longe de todos e de tudo o que lhe era familiar), enfrentou questões psicológicas como ansiedade e síndrome do pânico e ainda descobriu uma endometriose gravíssima que vinha carregando havia anos, sem diagnóstico prévio, e que impactava negativa e diretamente sua vida, não só física como também emocional. Depois de fazer a cirurgia, ela acabou tendo uma oscilação de peso. Eu, com certeza, não precisaria justificar aqui os motivos que a levaram a ganhar peso, mas acho importante explicar o contexto. Depois da cirurgia, ela continuou tomando hormônios que se faziam necessários devido à sua condição, além de não ter tempo nem saúde psicológica para se colocar em processos de dieta ou rotina de academia. Nesse meio-tempo, ela decidiu tratar seu corpo com mais gentileza, já que havia passado muitos anos lidando com episódios de bulimia e compulsão alimentar. No Natal passado, ela teve medo de visitar seus familiares no Brasil porque pensava nos comentários que as pessoas iriam fazer sobre o corpo dela e como ele havia mudado desde que ela deixou o país. Meu primeiro e mais intenso pensamento foi: "Por que você precisa justificar o seu corpo?".

Disse a ela que não fazia a menor ideia do que tinha sido passar por tudo que ela passou. Eu, que nunca precisei fazer uma cirurgia (e tenho absoluto pavor até de tirar sangue), fiquei pensando em tudo o que ela viveu e em toda a história que o corpo dela carrega por conta da doença em si. Mas, muito além da doença, ela passou por momentos felizes em que a comida esteve presente, e a vida aconteceu. Independentemente do que você passa, não sinta como se precisasse justificar seu corpo para os outros, porque ele diz respeito a você, à sua história, e é seu próprio templo. Seu corpo (e o que você faz ou deixa de fazer com ele) não é de domínio público.

Lembro que, quando eu era mais nova, morria de vergonha do meu corpo e evitava situações em que minhas amigas pudessem ver minhas estrias ou celulite – deixava de ir à piscina e nunca usava shorts curto, por exemplo. Tive estrias nas costas e nos joelhos desde muito nova – as primeiras apareceram aos 9 anos. Durante toda a minha vida, tentei me justificar para os outros e para mim mesma: "São estrias de crescimento", eu explicava antes mesmo que alguém pudesse ver que elas estavam ali. Hoje, olho para trás e percebo que não importa como elas chegaram lá, não é da conta de ninguém. Elas estão ali e ponto. Seja porque cresci muito rápido, porque engordei, porque é uma tendência genética ou porque sou um ser humano: eu não preciso me explicar. Meu corpo carrega minha história, cada pedacinho de mim faz parte da minha jornada e conta os lugares que visitei, as comidas que provei, as pessoas que conheci. Nem sempre fui compreensiva com ele, é verdade, mas mesmo assim ele nunca me abandonou. E hoje tenho respeito por ele, porque sei que não devo satisfações aos outros, e que é ele que vai estar comigo até meu último dia de vida.

29. Não se cobre tanto por resultados, a ponto de afetar negativamente sua saúde física e mental.

Esse é um mal que acabamos sofrendo principalmente porque estamos sempre nos comparando com outras pessoas e sendo bombardeadas com informações o tempo todo. Tenho a impressão de que, por mais que eu esteja fazendo meu melhor, nunca será o suficiente, porque sempre vai existir alguém que está fazendo mais (ou melhor) do que eu. Embora pareça óbvio, nem sempre é fácil de entender ou aceitar isso, porque a cobrança interna é muito grande e muitas vezes chega a superar a própria cobrança externa. Sempre vai existir alguém mais focado no trabalho, com mais tempo para se exercitar, com melhores resultados acadêmicos ou mais sucesso na carreira – como aqueles que ganharam seu primeiro milhão antes dos 25 anos e ainda fazem tudo o que mencionei anteriormente. São as chamadas "pessoas de sucesso". Bem, eu não sou essa pessoa – estou longe do meu milhão ou de ser completamente realizada –, e isso acabou me gerando frustração e ansiedade em diversos momentos da vida. Eu me sentia uma fracassada por não ter atingido o mesmo patamar que os outros, sincronizando todas essas atividades ao mesmo tempo e obtendo sucesso a partir delas.

Vale lembrar que não é porque outras pessoas estão fazendo determinada coisa que você obrigatoriamente tem que conseguir fazer também, mesmo quando a sociedade teima em te dizer o contrário. É importante considerar os fatores externos que influenciam os resultados que temos na vida. Contextos psicológicos, familiares, sociais e tudo aquilo que envolve sua história de vida acabam sendo questões primordiais que afetam as coisas que conseguimos conquistar ou não. Não basta simplesmente analisar uma história de maneira isolada e acreditar que você pode obter o mesmo resultado sem considerar todo o resto que faz parte do seu processo.

Não estou dizendo que você não pode conquistar as mesmas coisas que as outras pessoas, mas sim que você deve parar para analisar os diferentes contextos e não cair em uma ideia fixa que acaba só te fazendo mal pela imensa pressão gerada. Claro que é possível obter resultados similares e tão positivos quanto os de outras pessoas, mesmo quando existem contextos tão diferentes, mas é fundamental lembrar que sua saúde psicológica vai estar sempre em jogo quando o assunto envolver comparações (veja o desafio 15). E, quanto maior for a discrepância entre as comparações, maior será a tendência de você se cobrar e se machucar com essa atitude.

O importante é que você sempre dê o seu "melhor" – e que, como dissemos no desafio 6, o "melhor" de cada pessoa é único e específico. Para um atleta profissional, fazer o melhor pode envolver escalar uma montanha. Para mim, pode envolver praticar uma atividade física diária por 20 minutos. Não é porque não escalo uma montanha por dia que sou pior do que a outra pessoa, ao mesmo tempo que não devo pensar nisso como uma meta impossível, caso seja um objetivo que eu almeje atingir em algum momento da vida. A questão é enxergar quem você é e se colocar em situações condizentes com sua realidade, na qual você procure ao máximo preservar sua saúde mental, porque comparações muito distantes e fora da realidade certamente podem colocar uma pressão desnecessária e injusta em você, sem considerar os diversos contextos em que as pessoas estão inseridas com suas respectivas particularidades.

Então, saiba reconhecer seus feitos pessoais, independentemente do que os outros fizeram. Parabenize-se quando ultrapassar uma barreira que antes era um fator limitante na sua vida, mesmo que outra pessoa tenha feito algo muito maior. O sucesso do outro não significa automaticamente o seu fracasso. Suas vitórias, mesmo que pequenas, são tão importantes quanto as montanhas escaladas pelos outros. A vitória do outro também não exclui a sua, por mais que ela seja considerada "maior" aos olhos da sociedade.

30. Perceba-se no mundo. Esteja sempre atenta às suas atitudes, porque você pode estar errando em algo ou com alguém.

Acho importante este exercício, porque o mundo não se resume ao que acontece dentro de nós, mas também tem a ver com a forma como nos relacionamos com as pessoas à nossa volta e com o modo como recebemos, processamos e devolvemos as informações ao mundo. Você deve não só checar sua relação consigo mesma, mas também com as pessoas presentes na sua vida – verificando inclusive se, de alguma maneira, você tem sido abusiva ou negligente com os mais próximos.

Muitas vezes, acabamos descontando nos outros nossas frustrações, nossos medos e nossas inseguranças. É importante que estejamos sempre alertas para atos que possam magoar os outros, já que às vezes fazemos isso de maneira inconsciente, sem a real intenção de machucar.

Enquanto pessoas em constante evolução e aprimoramento, estaremos sempre trocando experiências com os outros a partir de nossas atitudes. Podemos estar errando com alguém, mesmo que a intenção seja o contrário. Estar em contato com o mundo é também se permitir errar às vezes. Não se sinta culpada se você estiver errando em algo ou com alguém. Não somos perfeitas e sempre temos chances de mudar, a qualquer momento. Pare para fazer essa análise e procure maneiras de reparar as suas atitudes e modificá-las a partir de agora.

Caso você perceba que pode mudar alguma atitude em relação a alguém ou algo, permita-se ter essa nova chance e tentar de novo, fazendo de um jeito diferente do que estava acostumada. Peça desculpas, se for o caso, e expresse seus sentimentos, mostrando que não existia uma intenção ruim de magoar o outro. Podemos ser a parte abusiva de uma relação sem que percebamos, mas é importante saber que temos a chance de nos desculpar e, então, escrever uma história diferente. Reconhecer o erro faz parte da evolução pessoal e sempre há tempo de mudar e fazer diferente num outro momento. Permitir-se errar é também parte do processo de amadurecimento e mostra que você está consciente de seus atos e que se importa com as pessoas ao seu lado.

31. Não se torne aquela pessoa que te fez mal ou te machucou no passado.

Vingança é um conceito que cresci acostumada a ver, muito influenciada pelas novelas da TV. A mocinha, por diversas vezes, assumia o papel de vilã para se vingar daqueles que a haviam machucado no passado, exaltando a ideia de que "aqui se faz, aqui se paga", como já dizia o ditado popular. Mas, se você parar para analisar de fora, tornar-se aquela pessoa que só causou mágoas no passado e fazer aos outros o mesmo mal que fizeram a você não conserta nada nem muda sua história. Pelo contrário, pode inclusive afetar negativamente a vida de pessoas que nada têm a ver com o que você viveu anteriormente, além de te colocar em um círculo vicioso de ódio e rancor.

É compreensível que, depois de uma experiência emocionalmente traumática, por exemplo, existam diversos sentimentos dentro de você, como raiva e mágoa. Temos a tendência, inclusive, de passar um certo período de "luto" depois de um acontecimento ruim, como maneira de tentar lidar com a situação internamente.

Algumas das marcas da nossa história acabam ficando impressas para sempre dentro de nós e reverberam de maneira muito intensa no nosso presente. Porém, de nada adianta ferir alguém só porque você foi ferida no passado. Histórias ruins e idênticas não constroem futuros melhores ou diferentes. Se aplicarmos o lema "olho por olho, dente por dente", todos acabaremos cegos e banguelas no final.

Passei por isso em alguns relacionamentos, acreditando que me tornar uma pessoa fria faria com que eu sofresse menos em relações futuras, porque eu tinha me sentido usada por pessoas no passado. Isso obviamente não me ajudou em nada, uma vez que, além de ter ido contra minha natureza de buscar relações positivas e de respeito mútuo, ainda fez com que eu acabasse arruinando diversas oportunidades de construir relações frutíferas naqueles momentos. E vale lembrar que as pessoas que se envolvem com você no seu presente (ou se envolverão no seu futuro) não têm culpa por aquilo que você viveu no passado, então não adianta querer descontar nelas as atitudes passadas de terceiros. A mocinha protagonista que agora só quer fazer com que os outros paguem pelo que ela sofreu no passado pode se tornar uma vilã amarga, que vive remoendo mágoas do passado. E no que isso ajuda o seu futuro?

Às vezes nos tornamos o espelho daquela pessoa que nos machucou, como uma maneira de tentar lidar com a situação ou fazer o sofrimento ser "devolvido" ou "pago" de alguma forma. Fica a dica: o que passou não volta mais. Se alguém te fez mal por algum motivo, não replique essa atitude com outras pessoas. Ninguém que está a sua volta (principalmente quem te ama) merece lidar com isso – nem você merece viver de mágoa. Você tem a chance de escolher se quer reproduzir essa atitude que tanto lhe fez mal ou apenas entender que ela não deve ser repetida porque gera coisas ruins aos outros – e a você também, mesmo que de maneira indireta ou imperceptível.

32. Aprenda a ver beleza e valor em si mesma, assim como você vê em tantas outras pessoas no mundo.

Não adianta ver beleza e valor em todas as suas amigas (independentemente de como elas sejam ou do que façam) sem ver beleza alguma ou valor em si mesma. Isso que você consegue enxergar fora também está dentro de você – só precisa de uma forcinha para ver o que existe por trás das suas inseguranças, culpas e medos.

Sei que é um processo difícil e diário, mas é necessário que comecemos de alguma forma a enxergar isso em nós mesmas.

Uma das muitas coisas positivas que o feminismo me trouxe foi passar a ver as mulheres à minha volta não mais como rivais que lutavam constantemente pela atenção e aprovação masculinas. Passada essa fase, "baixei a guarda" e comecei a ver quantas mulheres incríveis estavam perto de mim e como eu as admirava até mesmo por motivos que podem ser considerados "pequenos", mas que já eram suficientes para que eu tivesse orgulho delas e ficasse feliz pelas suas conquistas, por menores que pudessem parecer. Passei a enxergar tanta força e poder em mulheres nas quais nunca antes tinha prestado atenção que realmente mudei minha perspectiva em relação a amizades e me tornei muito mais aberta a relações com mulheres – o que me gerou frutos incríveis em diversos âmbitos da vida. Conviver mais com elas me ajudou muito no meu próprio processo de aceitação, além de ter me aproximado de problemas reais que me conectaram com minha essência. Eu, de repente, via força, poder e beleza em todas as mulheres à minha volta. Mas, por algum motivo, não conseguia fazer isso comigo mesma.

Dizem que só vemos aquilo que temos dentro de nós mesmas e então eu pensei: "Se eu consigo ver beleza até no que minhas amigas consideram 'pontos fracos' em si mesmas, por que não consigo ver o mesmo nem em minhas qualidades?". Parece um exercício óbvio e quase matemático, mas sabemos que na prática não é assim que funciona. Temos muita dificuldade em reconhecer o bom dentro de nós, com medo de que nos considerem egocêntricas e convencidas, e assim sempre tentamos nos diminuir de alguma forma. Nem elogios sabemos aceitar, quanto mais criar um autoelogio e abraçá-lo (veja o desafio 9).

Às vezes não paramos para pensar muito nisto, mas é um exercício que devemos sempre colocar em prática: se você consegue ver valor em tantas outras pessoas, faça um esforço para reconhecer o mesmo em você. Tente parar por alguns minutos e fazer uma lista, caso isso a ajude de alguma forma a enumerar coisas positivas.

Sempre procuro pensar em atributos psicológicos dos quais me orgulho, em algo legal que eu tenha feito ou em algo que eu goste em mim. E nem precisa ser nada muito grande, porque conseguir sair de casa, para muitas pessoas, já é um grande passo. Mais do que focar nas nossas "falhas", devemos fazer força para perceber nossos pontos fortes e nossas conquistas pessoais. Você não precisa ter ganhado o prêmio Nobel da Paz para reconhecer que possui características admiráveis, nem ter construído um foguete para se considerar capaz de algo. Quando eu tinha 6 anos, lembro de ter recebido um "parabéns" da minha professora por uma pequena redação que eu havia escrito. Isso causou muito orgulho à minha avó, que na época era professora de português. Essa redação ficou tão marcada para mim que até hoje carrego esse feito com orgulho – algo que foi tão simples e nem pode ser comparado a outros grandes êxitos. Eu já cheguei a pensar que foi "só uma redação" e que "qualquer um poderia ter feito aquilo". Mas ela foi importante para mim, e marcou minha história. Coincidência ou não, hoje estou escrevendo um livro.

Assim, tento sempre lembrar que, apesar de ainda querer mudar certas coisas em mim que não me soam tão agradáveis, existem outras que são bonitas e importantes, assim como vejo beleza e importância nas minhas amigas e nas mulheres à minha volta. Veja a beleza que você vê no mundo refletida no espelho. Enxergue o valor que existe em você, na sua história e em tudo o que carrega consigo mesma.

33. Não coloque a responsabilidade pela sua felicidade nas mãos de outra pessoa.

Nem nas mãos, nem nos pés, nem na cabeça, nem em lugar nenhum! É muito comum que acabemos delegando certas funções a outras pessoas, emocionalmente falando. Como se dependêssemos de certas atitudes ou respostas alheias para só então atingirmos felicidade ou realização. Esse é um pensamento muito complexo, já que nos coloca completamente "na mão" do outro e nos exclui da posição de protagonistas da nossa história. Pode ser que a outra pessoa nunca faça o que você espera e, assim, você gaste a vida inteira esperando por algo que nunca vai acontecer.

Somos ensinadas desde pequenas a depositar expectativas nos outros, sobretudo quando o assunto envolve relacionamentos afetivos. Existe uma crença que diz que mulheres precisam almejar o casamento a qualquer custo para então serem felizes e completas, como se a felicidade fosse chegar através de uma pessoa específica que faria a vida valer a pena. É claro que relacionamentos podem (e devem) ser incríveis, nos fazendo ainda mais felizes, mas não torne alguém seu alicerce principal, no qual você coloca toda a sua energia física e emocional. Não existe a tampa da panela, ou a metade da laranja. Você é a laranja completa! Quando depositamos toda a nossa energia em alguém, as chances de que esqueçamos de nós mesmas são muito grandes, e podemos de repente nos encontrar vivendo uma vida que não é nossa, construindo sonhos que não nos pertencem e nos perdendo completamente de nossa essência.

É importante lembrar que em uma relação existem pelo menos duas pessoas que são protagonistas daquela história. É muito comum que algumas de nós acabem se apagando para viver a realidade do outro, até chegar ao ponto em que nem nós mesmas sabemos o que queremos, porque nossa felicidade está apenas em ver o outro feliz. Ver os outros felizes nos gera felicidade, é claro, mas não podemos esquecer que também temos desejos, sonhos, planos e sentimentos. Apagar a nossa felicidade para viver a do outro não pode ser classificado como saudável.

Depositar todos os seus sonhos e expectativas em outra pessoa é estar passível de perder tudo o que você considera importante da noite para o dia. Lembre-se de que somos todos livres e não pertencemos a ninguém (nem ninguém nos pertence, já que não somos objetos ou seres inanimados). Portanto, se uma pessoa decide ir embora, você precisa preservar sua individualidade de alguma forma, porque, antes de qualquer a relação, você vive sozinha consigo mesma. Enquanto ser humano complexo e único, você é mais do que sua relação. Já conheci muitas mulheres que se anularam em relacionamentos por depositarem a responsabilidade pela sua felicidade nas mãos de outra pessoa, especialmente seus parceiros afetivos.

Não deposite essas expectativas em outra pessoa. Lembre que a sua felicidade existe em você, e que você pode atingi-la independentemente do outro. Pessoas e situações podem, sim, nos proporcionar bons momentos e sensações incríveis, mas não coloque total responsabilidade na outra pessoa em te fazer feliz. Você é independente do mundo exterior e carrega seu próprio mundo consigo mesma.

34. É importante amar, mas também é preciso deixar que os outros te amem.

Parece loucura, mas em alguns momentos não nos deixamos ser amadas pelos outros. Perdi a conta de quantas vezes já fiz isso ao longo da vida. Por causa de ideias que me limitavam ou por uma imensa falta de autoestima, eu estava sempre acreditando que ninguém nunca gostaria de mim da mesma maneira e na mesma intensidade que eu conseguia gostar dos outros. Por muito tempo, essa foi uma verdade absoluta na minha vida, o que me fazia sofrer, além de criar a ideia de que nada do que eu fizesse me tornaria merecedora de ser amada ou querida por alguém.

Certamente isso entrou em conflito diversas vezes com a pessoa que eu era por dentro, uma vez que eu estava sempre tentando me conectar afetivamente com o mundo – apesar dessa voz que dizia que ninguém ia gostar de mim. Duas vozes muito conflitantes viviam brigando entre si: uma pedia carinho e a outra esbravejava dizendo que eu nunca ia merecer aquilo. Quando aceitei o pensamento de que existem pessoas prontas para me amar do jeito que sou (e que eu não preciso mudar nem ser outra pessoa), passei a perceber determinadas atitudes que eu inconscientemente aplicava na minha vida como autoproteção de qualquer um que tentasse se aproximar de mim.

Em diversas situações, tentei alertar os outros de que eu não era amável nem merecia que gostassem de mim. Fui rude, displicente e até mesmo irresponsável com os sentimentos dos outros, tudo para provar um ponto que eu bem lá no fundo não queria que fosse real. E que não era real.

Permita-se ser querida e amada pelos seus familiares, amigos ou em relacionamentos afetivos. Hoje percebo que, além de amar, é preciso fazer o exercício de permitir que os outros me amem também, porque, se eu posso amar pessoas, os outros também podem fazer o mesmo comigo. Se isso existe dentro de mim, pode existir fora – e deve ser visto como algo bom, já que amor e carinho são sentimentos positivos. Já dizia a canção do Paralamas do Sucesso: "Saber amar é saber deixar alguém te amar".

35. As coisas "ideais" para sua vida são aquelas que você quer e que te fazem bem.

O que significa "ideal"? O mundo está cheio de ideias prontas e impositivas, que dizem o que você deve querer (principalmente quando se é mulher). Mas será que essas coisas realmente te fazem bem? Você já se perguntou se seus desejos são realmente seus ou se estão sendo impostos a você como ideais de felicidade? Aliás, você sabe o que é felicidade? Qual é a *sua* felicidade?

Digo isso porque passei muito tempo acreditando que o "ideal" era seguir os conceitos estabelecidos pela sociedade, que diz que as mulheres devem focar-se em relacionamentos, casar, ser mãe e dedicar-se plenamente à família. Ao mesmo tempo que sofria essas pressões, me via determinada a atingir certos objetivos em relação à minha carreira. Como nunca fui muito "sortuda" em relacionamentos, acabei me dedicando mais aos estudos e ao trabalho, o que me gerava alegria, mas, ao mesmo tempo, uma certa frustração, já que minha vida não estava de acordo com o que as pessoas esperavam, nem com o que eu achava que deveria fazer. Mas eu nem ao menos sabia se o que eu *deveria* estar fazendo era o que eu de fato *queria* estar fazendo.

Por muito tempo, parecia que eu estava incompleta ou que não estava caminhando na direção certa. Sentia que estava abrindo mão de uma coisa que eu "deveria" almejar muito, mas que eu não tinha certeza se queria. Já me disseram que, por me dedicar demais à carreira e ser independente demais, nenhum homem ia me querer, como se eu tivesse que abrir mão do que eu queria para realizar os desejos do outro, ou como se eu tivesse que abrir mão de ser quem eu era para me encaixar na realidade do outro e viver uma vida que não era a que eu queria para mim. Com o passar do tempo, fui amadurecendo e vendo que essa ideia está longe de ser a definição de um relacionamento saudável. Percebi que tudo bem não querer aquela ideia pronta de plenitude – principalmente quando ela parecia contentar todos à minha volta, menos a pessoa que mais deveria se sentir feliz com ela: eu.

Fazer o exercício de refletir sobre o que te faz feliz pode levar muito tempo, além de envolver um processo de desconstrução e desapego para não mais se preocupar em viver a alegria dos outros. Isso também passa por acolher seus desejos de maneira plena e sem julgamentos, porque pode ser que você precise passar pela autoaceitação quando estiver se questionando. Significa também não mais julgar as escolhas dos outros que estão à sua volta, já que cada um é um ser muito particular que, mesmo em contextos semelhantes, pode querer seguir caminhos opostos. O que me faz feliz pode não ser o ideal para você, e nem te completar, então não compre uma ideia só porque ela faz parte do senso comum. Aprenda a se ouvir e descobrir o que é melhor para você.

36. Viva o presente. Não deixe que experiências passadas determinem totalmente o seu futuro.

Todas nós vivemos histórias no passado que nos geraram algum tipo de frustração, mágoa, dor ou arrependimento. Você provavelmente foi machucada por alguém ou por alguma situação, e essa ferida acabou virando uma cicatriz que ficou impressa em sua jornada pessoal. Todas nós carregamos cicatrizes, porque a vida é um campo de batalha que vai nos moldando constantemente conforme vivemos. Quem você é hoje nada mais é do que a somatória de tudo o que te aconteceu no seu passado. Cada pessoa, acontecimento e sentimento que atravessou seu caminho contribuiu para você ser quem é.

Muitas vezes, por conta de traumas, acabamos nos escondendo atrás de nossas mágoas, e isso nos impede de tomar decisões positivas ou até mesmo mudar nossa história e reescrever algo melhor para o futuro. Acabamos ficando limitadas pelo medo e pelas inseguranças, buscando nos proteger de alguma maneira, porque não queremos sofrer de novo. Lembre-se de que o medo pode te ajudar a sobreviver no mundo (quando você precisa fugir de um risco iminente, por exemplo) porque é um mecanismo de sobrevivência, ativado de maneira consciente ou não. Mas é válido fazer o exercício de tentar administrá-lo e perceber se ele está controlando sua vida e a impedindo de crescer.

Ter medo de se arriscar por conta de traumas passados não a ajuda em nada. Não a ajuda a superar o trauma, não a ajuda a ressignificá-lo, muito menos a reescrever uma nova história. E, se não aprendermos nada com os erros do passado, estaremos fadadas a repeti-los no futuro.

Não se limite por conta de suas experiências passadas, principalmente as que foram traumatizantes de alguma maneira. Permita-se novas chances de tentar fazer coisas semelhantes e obter novos resultados e respostas, ou de quebrar um padrão que vem se repetindo na sua história e que a tem impedido de crescer. Reflita sobre novas possibilidades, novos momentos e novas chances de ter respostas diferentes. Temos a tendência de achar que o fracasso se repetirá, já que somos nós que estamos mais uma vez vivendo a mesma situação. Mas lembre-se de que, hoje, você é uma pessoa diferente da que viveu aquela outra experiência, e uma nova tentativa pode ter um resultado diferente, alterando o que te aconteceu. Use isso a seu favor e afaste o medo que a impede de crescer.

37. Não se sinta mal, egoísta, envergonhada, nem peça desculpas por querer o melhor para si.

Muitos dos exercícios que proponho aqui falam sobre você se colocar como protagonista de uma história, sabendo o que quer e deixando isso explícito para si mesma. Porém, existe um sentimento que sempre aparece quando esse tipo de atitude começa a fazer parte da nossa vida: a culpa.

É verdade que nós, mulheres, nos sentimos culpadas pelos nossos problemas e por tudo o que acontece no mundo, como se tivéssemos a obrigação de abraçar tudo e todos, o tempo todo. Algumas de nós não conseguem nem se conectar com seu desejo ou seguir seus sonhos porque se sentem culpadas, como se estivessem tendo uma atitude egoísta – e isso, para uma mulher, é um erro imperdoável. Esse é inclusive um sentimento que vi presente em 99,9% das mulheres que conheci até hoje. Já os homens sempre tomaram suas próprias atitudes e nunca foram criticados por isso, mesmo quando só pensavam neles mesmos e ignoravam todo o resto – até as pessoas que estavam à sua volta e poderiam ser atingidas negativamente. Homens que tomam atitudes por si sós são considerados decididos e cheios de atitude. Mulheres que fazem o mesmo são apenas vistas como egoístas e mesquinhas.

É muito difícil se livrar de um sentimento de culpa, porque, mesmo quando você para de senti-lo, alguém sempre tenta colocá-lo novamente em você. Além de serem as "rainhas da culpa", as mulheres são geralmente consideradas "mandonas" quando demandam determinadas coisas na vida, mesmo que sejam demandas básicas, especialmente quando tentam melhorar algo que lhes é importante de alguma forma. Ter consciência do que você quer e cobrar isso não faz de você uma pessoa mandona, chata ou egoísta – caso isso não tenha impacto negativo ou machuque outra pessoa. Buscar um relacionamento melhor, mais respeito no local de trabalho ou igualdade de direitos não a torna uma pessoa ruim ou reclamona, longe disso. Saber o que te faz bem e querer o melhor para si (quando não se está fazendo mal ao outro) não é egoísmo, faz parte do autoconhecimento e do respeito próprio – além de ser uma premissa para se viver bem em uma sociedade mais igualitária e saudável.

Você não deve se sentir mal por saber o que quer e lutar por isso. Não deve se martirizar por lutar por si mesma e querer o melhor em todas as situações da sua vida. Não acredite ser "exigente" demais por querer se fazer feliz e por ter consciência de quem você é. Não deixe que essa culpa seja instaurada em você, porque nada mais normal e saudável do que querer o bem para si mesma quando não se está fazendo mal para os outros. Todos os desafios deste livro, inclusive, precisam que você não sinta que está sendo "chata", porque o tempo todo estamos conversando sobre tomar atitudes por você mesma e se colocar num lugar de importância, onde o principal é nutrir uma boa relação consigo mesma e com as coisas que a rodeiam. Você pode e merece querer o melhor.

38. Respeite seu próprio tempo.

Recentemente, quatro amigas à minha volta passaram por situações semelhantes ao mesmo tempo e todas estavam em processos de término de relacionamento. Eram quatro pessoas de culturas completamente diferentes, de diversos cantos do mundo, que vieram buscar um certo acolhimento ao dividir suas histórias comigo. Apesar de os enredos possuírem similaridades entre si (assim como os encerramentos), notei que cada uma estava vivendo à sua forma o processo de término. Para mim, foi importante perceber como o tempo de cada uma foi diferente e como eu tive que mudar meu discurso para conversar com cada uma delas. Claro que, sendo pessoas diferentes, em contextos diferentes e se relacionando com pessoas diferentes, meu discurso não poderia ser o mesmo. Mas isso me ajudou a ver como é importante respeitar a particularidade de cada indivíduo, uma vez que não existe certo ou errado, mas sim o " tempo de cada um".

A grande questão de respeitar o tempo esbarra na questão de não se comparar com os outros. Uma pessoa pode levar três dias para superar uma questão e encerrar um capítulo específico na vida, enquanto eu posso precisar de três meses – e você leve três anos. Durante processos de luto, encerramentos ou rupturas, precisamos conseguir respirar fundo e respeitar o que estamos vivendo. O que eu disse para todas as minhas amigas, independentemente do contexto, foi que elas não deveriam se sentir mal ou culpadas por estarem tristes. Acho que é importante viver a tristeza e a frustração porque elas existem e, se ignoradas, podem virar algo pior depois. É melhor que você viva esses sentimentos com plenitude, porque acredito que é um dos processos necessários para que essa cicatriz feche. Para criar algo novo e se renovar, é preciso expurgar o que te faz mal, não importa quanto tempo demore.

Certamente esse conselho pode ser controverso se você considerar que eu falei anteriormente sobre não viver presa ao passado (coisa que pode acontecer caso você esteja vivendo o mesmo processo de cura há anos, por exemplo). Mas acho que, como tudo na vida, o grande segredo é ter um equilíbrio nas coisas. Meu conselho é que você não viva presa ao passado, ao mesmo tempo que saiba da importância de tomar seu tempo e passar por aquele processo sem se comparar com os outros. Não é porque alguém superou um processo doloroso em um dia que você precisa ou vai conseguir fazer o mesmo. Respeite seu tempo e viva o luto quando necessário. Você não precisa se esconder ou ter vergonha de passar por isso, porque faz parte da ideia de ter respeito por si mesma e entender que cada um tem seu tempo específico.

39. Não espere estar pronta para viver algo. O momento "certo" é o agora.

Mais uma vez vamos falar de equilíbrio e de como conseguir ponderar as situações ao longo da vida. Ao mesmo tempo que é importante saber respeitar seu próprio tempo (por exemplo, quando estiver se recuperando de algum trauma), é fundamental também perceber quando você estiver deixando de fazer algo apenas por acreditar que não está totalmente pronta, usando isso como uma autossabotagem, seja ela inconsciente ou não. Você fica procrastinando alguma tomada de decisão porque acha que precisa estar totalmente capacitada e preparada para enfrentar aquele grande monstro pintado na sua mente. Já se viu nessa situação? E às vezes o monstro nem é tão grande assim, mas cresce no nosso imaginário porque tem espaço para isso...

Sempre procuro pensar que nunca estaremos completamente preparadas para algo na vida, porque a preparação e o aperfeiçoamento vêm com a prática, não só com a teoria. Por mais que você leia, estude, se informe, dificilmente vai saber tudo o que precisa até colocar as coisas em prática. Óbvio que a teoria é importante e muitas vezes fundamental para aplicar um conceito, mas sua experiência pode inclusive modificar, adaptar ou aperfeiçoar uma teoria, por exemplo.

Já deixei de viver coisas ou adiei momentos na minha vida por pensar que precisava estar 100% preparada para aquilo. Seja uma nova atividade, um novo emprego, um novo relacionamento ou uma nova forma de pensar. Nós não necessariamente estamos preparadas para viver coisas novas, porque não nascemos sabendo nem somos uma máquina que faz download de manuais extensos que nos ensinam a fazer tudo. Às vezes, só precisamos viver aquilo de maneira intensa, independentemente de estarmos preparadas ou não. De nada adianta a teoria se não existe a prática de um conceito ou ideia. Esteja ciente também de que errar faz parte do processo, até mesmo se você for especialista no assunto; somos todos humanos e passíveis de erro. E, com os erros, virão aprendizados; com os acertos, virão aperfeiçoamentos. Em alguns momentos da vida, a única coisa que nos prepara para viver algo específico é a experiência adquirida no dia a dia, quando já estamos vivendo aquilo. No processo, você vai descobrir o que deve ou não fazer. Tem coisas que não podem esperar, até porque você talvez nunca mais tenha a mesma oportunidade novamente. Então aproveite e agarre as chances que a vida te dá. Só tente e viva.

40. Dê-se o crédito pelos feitos que você achou que não conseguiria alcançar, mas mesmo assim seguiu em frente.

Nós, mulheres, temos a estranha tendência de não nos dar crédito pelos nossos feitos e nossas conquistas. Isso ocorre porque mulheres confiantes demais sempre causaram um certo desconforto na sociedade, mas também porque temos a ideia de que devemos ser responsáveis por tudo e por todos, já que isso não é nada mais do que nossa obrigação, segundo a imposição social. Sentimos que temos que dar conta da nossa própria vida e ainda ter tempo, energia e disposição para cuidar dos que estão ao nosso redor. Mas, na realidade, sabemos que não é bem assim que funciona. As pessoas nos estipulam demandas que nos enchem de responsabilidades por coisas que não necessariamente são responsabilidades nossas – e, caso deixemos "a peteca cair", acabamos nos sentindo culpadas por isso.

No entanto, é muito importante que você valorize seus próprios feitos, ainda que pequenos. Nos momentos em que tudo parecia perdido ou em que você pensou que não conseguiria seguir em frente, você chegou até o fim do dia – isso já não é um grande feito? Você encarou os obstáculos e desafios de frente e, independentemente do resultado, chegou até aqui.

Você não merece apenas parabéns pelos "grandes feitos" – um prêmio, um novo emprego, a compra de um imóvel –, mas também pelas batalhas que enfrenta no cotidiano e pelos dias que pareciam intermináveis e que você de alguma forma encontrou forças para superar, por mais que ninguém a valorize por isso ou que pareça simples aos olhos dos outros. A grande questão não é ter aprovação externa, mas sim reconhecer sua própria força e o quanto teve de mobilizar dentro de si mesma para chegar até o fim do dia.

Reconheça seus pequenos feitos e não diminua suas conquistas ou ache que elas foram pequenas, principalmente quando, no passado, você achou que não conseguiria seguir em frente e superou suas próprias expectativas. Dê-se crédito pelos momentos em que se esforçou e conseguiu sair da cama, se olhar no espelho ou até mesmo dizer algo que parecia impossível antes. Admire seus pequenos progressos, porque eles somam um montante no final de cada dia!

41. Não se force a ficar em situações que a fazem se sentir desconfortável só porque os outros acham normal.

Como eu já disse várias vezes aqui, tudo na vida é relativo. O que para você é legal pode não ser para mim e vice-versa. O que é importante para uma pessoa pode não ser para outra, e assim sucessivamente para todas as outras infinitas situações da vida. Já me forcei muito a me colocar em situações socialmente aceitáveis, que me faziam pertencer de alguma forma a um grupo, mas que não tinham absolutamente nada a ver com o que eu queria ou com aquilo em que acreditava. E pior: me causavam desconforto, fosse ele físico ou psicológico.

Nesses casos, é preciso sempre avaliar se essas pessoas com quem convivemos ou se essas situações que nos impomos fazem de fato uma diferença positiva em nossa vida ou seguem em direções opostas àquelas que nos deixam confortáveis ou que fazem parte dos nossos valores, desejos e sonhos.

Esteja sempre atenta aos sinais que seu corpo ou sua mente podem estar te mandando quando achar que há algo errado com uma situação. Muitas vezes, as pessoas fazem com que nos sintamos mal por não querermos fazer algo que não nos agrada, mas nada pior do que permanecer numa situação só porque é socialmente mais aceitável fazer parte dela do que o contrário. Siga seus instintos e nunca deixe de lado seus valores pessoais.

42. Não se culpe por coisas que você não pode controlar.

A culpa, como vocês podem reparar, é um sentimento presente em diversos desafios deste livro, porque é realmente algo que carregamos conosco por muito tempo e que se manifesta em diferentes momentos e com intensidades variadas ao longo da nossa vida. Pode parecer repetitivo, mas acho importante bater nessa tecla, porque é um comportamento difícil de ser mudado, sobretudo por ser um sentimento arraigado em nós mesmas por muitos anos, podendo passar despercebido quando estamos acostumadas com a presença dele.

O sentimento de culpa acarreta muita dor interna, como se fosse um machucado que nunca cicatriza e permanece sempre aberto porque é constantemente alimentado por nossa mente. Costumo dizer que a culpa é muito pesada, mas não serve nem de peso de porta. É o tipo de coisa que não muda em nada a situação que a está deixando frustrada, além de envenenar cada célula do seu corpo. Pare e pense no que você está efetivamente fazendo consigo mesma por sentir isso, já que ela não representa nenhuma atitude de mudança. Culpar-se, além de não mudar a sua realidade, não te faz nada bem.

Se já não adianta muito se culpar pelas coisas que você fez no passado, culpar-se por algo sobre o qual você não tem controle é ainda pior. Lembre-se: não podemos controlar tudo o tempo todo – e relaxar a respeito disso faz parte do exercício. Nesses casos, aceitar que não temos o controle já é um grande primeiro passo – além de ser fundamental para sua saúde mental!

Às vezes, pode ser que a vida venha e nos mostre de maneira muito dura que não temos total controle sobre nada – como nos casos de términos e rupturas, por exemplo, ou até em situações em que acabamos adoecendo fisicamente. Não acho que precisemos sofrer para aprender, mas com certeza uma situação incômoda faz com que não nos esqueçamos de uma sensação passada e pode nos ajudar a enxergar melhor o que nos aconteceu, para assim aprendermos algo. Quando você acredita que pode controlar tudo, isso só te gera mais frustração.

Se acreditamos que estamos no controle, sentimos que devemos estar 100% alertas o tempo todo, sem descansar ou respirar um momento sequer, pois na nossa cabeça somos responsáveis por tudo. Entender que você não tem o controle sobre tudo é um exercício que te faz relaxar e conseguir aproveitar melhor os momentos, porque eles acontecem de maneira natural e fluída. Você não precisa estar ali colocando força e energia para fazer tudo sempre. Além disso, é como se você estivesse enganando a si mesma, já que não existe um ser humano que esteja no controle de todas as coisas. Relaxe e permita-se não estar no comando de algumas situações. E o mais importante: não se culpe por aquilo que você não tem como controlar.

43. As opiniões e os julgamentos das pessoas não limitam nem determinam quem você é.

Considere que cada pessoa possui uma percepção particular sobre a realidade em que estamos inseridas, através de uma combinação de fatores que define quem somos. Cada pessoa no mundo tem um julgamento diferente sobre quem você é a partir das coisas que elas veem e interpretam, de acordo com as próprias percepções pessoais, que podem, na maioria das vezes, ser limitantes.

Se fôssemos dar ouvidos a todos que têm uma opinião diferente sobre nós, provavelmente nunca chegaríamos a um consenso sobre quem realmente somos. Se você juntar as opiniões dos outros, sem dúvida encontrará definições que podem inclusive ser opostas. Uma pessoa que convive com você no trabalho pode te achar séria, ao mesmo tempo que seus amigos podem discordar totalmente dessa definição, já que enxergam outros lados seus que ultrapassam o comportamento dentro de um ambiente profissional controlado, por exemplo. Além de não podermos nos definir com base na percepção alheia, devemos considerar que reagimos de maneiras diferentes dependendo do contexto, da situação e do momento em que estamos inseridas. Como eu disse, a maneira como você reage em casa ou com seus amigos é diferente da maneira como reage no trabalho com seu ou sua chefe, por exemplo.

Não temos controle sobre o modo como as pessoas nos veem, apesar de a opinião delas ser influenciada por nossas atitudes. Você sabe quem é realmente, sem considerar o julgamento das outras pessoas, que não enxergam todas as suas facetas? Eu passei anos da minha vida presa a uma ideia fixa de quem eu era, me baseando em coisas que havia ouvido dos outros sobre mim mesma por muito tempo. Em algum momento, me questionei para saber se aquilo ainda se aplicava a mim ou se não fazia mais parte de quem eu era. Quando parei para analisar, percebi que era um conceito que me fora imposto de alguma maneira e que eu acabara absorvendo, sem refletir muito a respeito. É preciso sempre tentar estar alinhada com sua própria essência, porque, conhecendo a sua verdade, fica difícil deixar-se influenciar por julgamentos alheios sobre quem você é ou deveria ser. Não temos como impedir que as pessoas nos julguem, mas o que importa é que você consiga manter uma certa distância das opiniões externas, porque elas não necessariamente definem ou limitam quem você é ou o que pode ser.

Claro que muitas vezes pessoas próximas, que te conhecem bem, podem dizer coisas relevantes sobre você, que a façam perceber facetas em si que haviam passado despercebidas ou que até mesmo reforcem a sua essência que se manifesta. Ou seja, esse tipo de troca pode ser rico. Mas cabe a você analisar com cuidado e de maneira crítica cada coisa que ouve, para não criar paranoias ou inverdades em sua cabeça.

Não deixe que a opinião alheia influencie de maneira negativa seus valores ou sua essência. Independentemente do que te disseram ou no que te fizeram acreditar, quem é você na realidade? Faça o exercício e procure se encontrar, para não mais se perder no achismo alheio.

44. Saiba o momento de pedir ajuda – e não se sinta mal por isso.

Durante muito tempo, achei que deveria resolver sozinha todos os meus problemas e que isso não era nada mais do que minha obrigação. Relutei em pedir ajuda em diversos momentos porque pensava que tinha que lidar eu mesma com todas as adversidades e problemas e dar conta de tudo sozinha– por vezes me preocupando até com coisas que não eram de minha responsabilidade. E não fazia isso apenas com questões práticas e cotidianas, mas também com questões emocionais, já que nem sempre conseguimos lidar bem com nossos sentimentos e com todas as pressões e exigências colocadas sobre nós.

Quando comecei a ter certas crises psicológicas, demorei para dar ouvidos a elas e entender o que estava acontecendo. Por isso também demorei a pedir ajuda para outras pessoas ou profissionais capacitados que pudessem me auxiliar. No fundo, não queria pedir ajuda para não "atrapalhar" ninguém. Enxergava isso como se eu estivesse falhando em fazer parte das minhas obrigações naturais e cotidianas. Eu sentia que pedir ajuda era um incômodo para as outras pessoas, e eu não queria ser esse "peso".

Porém, aprendi a importância de saber aceitar ajuda quando existe uma demanda genuína de um suporte externo, seja da família, de amigos, de parceiros, parceiras ou até mesmo de profissionais da saúde capacitados. Mais uma vez, falamos de culpa: não se prenda a ela ou à vergonha por precisar ou querer pedir auxílio. Às vezes precisamos contar com uma forcinha extra que venha de fora – e tudo bem, não precisa se sentir mal por isso ou achar que você é uma pessoa menos capaz. Você não deixa de ser forte por pedir ajuda. E tudo bem se precisar de uma forcinha.

45. Faça algo que você vem adiando há muito tempo.

Todas nós temos aquela famosa lista de coisas que gostaríamos de fazer, mas que sempre encontramos uma "desculpa" para deixar para depois. Parece que não achamos motivos, coragem, força ou motivação o suficiente para dar continuidade a uma ideia ou meta, mesmo que estejamos pensando nela já há algum tempo.

Como se nossa vontade não fosse suficiente para que fizéssemos algo por nós mesmas.

Pode ser que você não esteja realizando algo por causa de uma limitação específica, como falta de dinheiro, tempo ou energia. Mas é importante refletir sobre coisas possíveis de ser realizadas agora, e que você está adiando por algum motivo que não é de fato uma questão impeditiva.

Sabe quando procrastinamos as coisas e acabamos nos perdendo nas nossas prioridades? Falo de coisas como mudar um pensamento, uma postura, um mau hábito ou até mesmo tomar a atitude positiva de tentar uma nova atividade ou dar um passo que esteja ao seu alcance, mas que requeira um pouco de dedicação e persistência. A procrastinação cria um pensamento de que é melhor não fazer nada do que fazer um pouquinho que seja, e, por acreditarmos nisso, acabamos adiando diversas coisas. Pense que é melhor sair do lugar do que continuar parada, mesmo que o movimento seja pequeno. Tome pequenas atitudes cotidianas, se for o caso, e isso vai te ajudar a se mexer e criar coragem para mudanças maiores. O que você tem adiado fazer há muito tempo? Vamos começar a riscar sua lista de planos – e, caso você não tenha uma lista ainda, recomendo que comece a escrever uma já.

46. Desapegue-se do que não te acrescenta nada ou do que te faz mal.

Esse desafio pode parecer óbvio ou simples, mas nem sempre é. O desapego é um processo que pode levar muito tempo para ser executado de maneira positiva e eficaz. Nós nos vemos muitas vezes apegadas a certas coisas, situações ou pessoas que em nada contribuem para nossa vida, mas que, ao contrário, sugam nosso tempo e energia desnecessariamente, apenas porque não conseguimos deixá-las ir embora.

É claro que praticar o desapego não é fácil nem cômodo, e pode muitas vezes nos causar dor e mexer com nossas inseguranças. Desapegar é deixar uma situação que já nos é conhecida de alguma maneira, positiva ou não, e sair dela rumo a outro caminho. Muitas vezes nós nos vemos apegadas a situações ou pessoas que não nos acrescentam nada, simplesmente porque estamos acostumados com elas. Além do costume, existe a ideia de que aquilo é o que merecemos, o que nos faz permanecer naquela situação porque nos falta autoestima para exigir algo melhor.

Às vezes estamos extremamente apegadas a sentimentos como mágoa e rancor, ou a uma pessoa que nos causa sentimentos ruins, ou a um trabalho que afeta nossa saúde psicológica. Porém, dentro dos devidos limites e das possibilidades presentes, é preciso pensar em como mudar essas situações e trabalhar para construir um futuro melhor, no qual você consiga desenvolver suas capacidades e se livrar daquilo que não faz bem a você. Pense em quanta energia você tem investido em coisas, situações, pessoas ou sentimentos que não lhe servem mais e que de alguma maneira estão te drenando negativamente. Deixar ir é sempre difícil, mas é um processo necessário que vai gerar resultados positivos no futuro. Preze pelo seu bem-estar e sua saúde mental e física. LÉRIGOU!

47. Menos "E se der errado?" e mais "E se der certo?".

Eu sei: muitas vezes nossa tendência quase natural é pensar que não devemos nem ao menos *tentar* fazer algo que nos apresenta uma incerteza, com medo de essa coisa dar errado ou de nos frustrarmos, e aí acabamos deixando para lá. Parece que o primeiro pensamento antes de tomarmos qualquer atitude sempre acaba envolvido pelo medo de falharmos, o que acaba apagando da nossa mente que existem chances de dar certo. Inclusive, muitas vezes as chances de dar certo são até maiores, mas mesmo assim criamos uma barreira que nos impede de tomar uma decisão – por pura insegurança.

Em primeiro lugar: é importante lembrar que não existe nada "certo" na vida. Quem tem 100% de certeza provavelmente não está certo. Existem muitos fatores que podem influenciar nossas certezas e fazer com que elas mudem no meio do caminho, revelando uma nova faceta ainda não descoberta. Partindo do princípio de que não podemos ter certeza absoluta de nada e que estamos o tempo todo escolhendo nossas próprias verdades, pense no quão importante é nutrir pensamentos que nos influenciem de maneira positiva a seguir adiante.

Quando penso neste exercício, sempre me lembro de uma história que fala de lobos. Um avô conversa com o neto sobre a luta interna que as pessoas enfrentam: "A batalha é entre dois lobos que moram dentro de nós. Eles possuem o mesmo tamanho e a mesma força. Um representa os sentimentos negativos e ruins, e o outro, os positivos", ele diz. O neto pergunta: "Qual deles vence?". E o avô então responde: "Aquele que você alimentar". Você tem a todo momento novas oportunidades de alimentar um dos dois lobos dentro de si. Ao invés de alimentar as chances de dar errado, por que não alimenta as chances positivas de sucesso?

Muitas vezes damos créditos demais para a negatividade e ela não ajuda em nada, muito menos a nos motivar. Ela tampouco muda a situação, sendo que muitas vezes serve apenas para nos causar dor e insegurança. Por conta dessa tendência a pensar negativamente, não paramos para perceber o quanto esse tipo de pensamento nos impede de tomar certas atitudes ou avançar em alguns campos da nossa vida. Se muitas vezes as chances de dar certo são iguais ou maiores do que as de dar errado, para que pensar de maneira negativa antes mesmo de tentar? Só vá, só tente. Mude sua chave de pensamento e se ajude nesse processo.

48. Faça por si mesma o que você gostaria que fizessem por você.

Sabe quando ficamos esperando que as pessoas façam coisas por nós e esquecemos completamente que podemos começar a fazer por conta própria? Amor, carinho e compreensão existem nas nossas relações, mas começam, sobretudo, na nossa relação com nós mesmas.

Sempre procuro pensar nisso quando vejo pessoas a minha volta em situações semelhantes, esperando que bons sentimentos venham de fora, como se elas fossem incapazes de produzi-los dentro de si mesmas ou estivessem de alguma forma esperando ser salvas por um "milagre". Isso gera um sentimento de vazio constante que sempre depende da disponibilidade e da dedicação externas, como se fôssemos apenas seres passivos na vida, sem poder de ação. É importante perceber essas carências e entendê-las, mas também pensar se o que tanto estamos esperando ou demandando dos outros não deveria começar a ser produzido dentro de nós mesmas. Afinal, se essa boa relação interna não existir primeiro, será difícil construir relações saudáveis e frutíferas com as pessoas a nossa volta, principalmente porque você nunca vai se ver independente o suficiente para aproveitá-la com naturalidade. Se você se enxerga totalmente dependente, viverá com um constante medo de "perder" aquilo a qualquer momento.

Se você alimentar suas inseguranças e acreditar que a felicidade só existe em uma relação com outro, acabará se tornando refém de algo que não a deixa segura de verdade. E se você fica esperando que alguém faça por você uma coisa específica, pode se frustrar, porque essa coisa pode nunca chegar.

Busque maneiras de suprir suas próprias necessidades. Isso também melhora nossa relação com nós mesmas, já que acabamos percebendo o quanto podemos fazer e agir diretamente na nossa própria vida. Nossa relação com o mundo começa dentro da gente, e encontrar coisas boas que existem em nós é um passo fundamental para que tiremos o melhor possível da forma como nos relacionamos com o mundo.

Antes de esperar amor de fora, pergunte-se o quanto você tem se amado e sido gentil consigo mesma ultimamente. O importante é sempre pensar em maneiras de nos tornarmos independentes (seja emocionalmente ou não) e enxergarmos o que temos de bom a oferecer a nós mesmas.

49. Permita-se errar e tentar novamente, quantas vezes forem necessárias.

Temos a tendência à dicotomia de definir o certo e errado, o bom e o mau, o que é triste e o que é feliz, sem considerar o enorme espectro que existe em qualquer situação. Essa visão faz com que estejamos sempre categorizando as coisas – pessoas, sentimentos, situações –, em caixinhas opostas e evitando ao máximo estar no extremo considerado "ruim". Assim, nos frustramos quando sentimos que erramos em algum ponto específico da vida, não enxergando outros ângulos e possibilidades a partir das coisas que nos acontecem ou das respostas às nossas ações.

Na verdade, acho muito importante errar. Não quero ter uma visão masoquista e dizer que para aprender você necessariamente precisa errar, mas acredito que faz parte do aprendizado e que existe um outro lado do erro, além da carga negativa que automaticamente associamos a ele. Além disso, acredito que é mais fácil enxergarmos aprendizado nos erros, uma vez que o acerto pode gerar uma sensação cômoda que nos leva à estagnação. Quando acertamos, nem sempre nos propomos a aperfeiçoar uma situação ou atitude a partir do acerto. Com os erros, ao invés de dizer "eu me arrependo de ter feito", diga "com isso aprendi que". Observe seu erro como algo que você pode transformar em uma coisa positiva enquanto aprendizado.

É claro que aprender pelo erro pode gerar frustração, já que acontece por vias "dolorosas", mas enxergue como uma possibilidade de experiência, que mostre como você pode fazer diferente da próxima vez. Portanto, não se culpe pelo erro – ninguém nasce sabendo tudo. E errar é inevitável ao longo da vida. Pense em como você está se esforçando e tentando evoluir. Você deveria se orgulhar por não desistir de algo, mas principalmente não desista de si mesma, nunca. Lute pelo que você acredita e use o erro ao seu favor.

50. Você não deve beleza ao mundo. Você é mais do que sua aparência.

Em alguns momentos, me pego pensando sobre o poder e a importância que a ideia de beleza exerce na nossa vida enquanto mulheres. Percebo o quanto associamos automaticamente o elogio a algo relacionado à nossa aparência, e acabamos reproduzindo isso quando vamos enaltecer outra mulher, ou até mesmo quando vamos elogiar uma menina. Estamos sempre falando sobre ser ou estar bonita, o que demonstra o quanto associamos coisas positivas a nossos atributos físicos. Penso que isso é reflexo de uma sociedade que enxerga o corpo da mulher como público e que, de diversas maneiras, e em muitos momentos, está sempre cobrando que estejamos bonitas, como se isso fosse um serviço que deveríamos prestar pelo simples fato de estarmos ocupando um espaço no mundo.

Como já diria a escritora Warsan Shire: "Ser bonita não é minha responsabilidade. Não estou viva para esse propósito. Minha existência não é sobre quão desejável você acha que eu sou". Gosto sempre de citar essa frase porque é como se nós, mulheres, nos sentíssemos obrigadas a estar ou ser bonitas como condição para nossa existência. Você não deve beleza ao mundo e seu valor como ser humano não deve ser associado a isso, principalmente porque o padrão de beleza é algo que varia de sociedade para sociedade, de cultura para cultura, e que mudou muito com ao longo do tempo. Independentemente das mudanças que o conceito sofreu com o passar dos séculos, é importante analisar que ele foi sempre relativo à menor parcela da população: afinal, enquanto uma porcentagem mínima de pessoas conseguir atender ao padrão de beleza vigente, mais pessoas estarão infelizes consigo e precisarão mudar para caber naquele pequeno e seleto grupo. E uma sociedade insatisfeita é uma sociedade que consome mais e alimenta indústrias como a de cosméticos, por exemplo. E gerar dinheiro faz parte do nosso capitalismo. O poder de ditar os ideais de beleza está sempre nas mãos da classe dita dominante – seja no que se refere a gênero, raça ou classe.

Acredito que a supervalorização da beleza e do corpo considerado "ideal", do ponto de vista de uma mulher de pele clara, faz com que nos esqueçamos das outras questões da vida, que se tornam sempre secundárias, como se estivéssemos fadadas a conviver com uma insatisfação pessoal relacionada à nossa aparência. Isso acarreta também um adoecimento psicológico, já que buscamos um ideal que, para a grande maioria de nós, é inatingível. Para mim, a chave da autoaceitação com meu corpo e minha aparência (que continuo trabalhando internamente todos os dias) é pensar que não preciso amar absolutamente tudo em mim, mas sim aceitar. Eu aceito o que tenho e procuro melhorar o que posso. Não preciso mentir e dizer que amo algo que não amo totalmente, o tempo todo, mas posso dizer que me aceito e, assim, continuar caminhando com foco naquilo que posso mudar e no que realmente vale investir energia e tempo.

Ao mesmo tempo, é importante aprender a ver beleza em nós mesmas. Sentir-se bonita é incrível – e devemos sempre enxergar a beleza em nós mesmas e trabalhar isso internamente. Mas a beleza não deve ser um parâmetro para que você se sinta ou não merecedora de coisas boas na vida, porque, no final das contas, ela é uma construção social que acaba aprisionando mulheres ao redor do mundo, principalmente quando falamos de um padrão eurocentrado no qual poucas pessoas se encaixam.

Portanto, nunca se sinta pressionada a ter que ser bonita para agradar a sociedade. Além de a beleza ser um conceito tão relativo, ela vai muito além de aparência. Eu me acho bonita quando sou verdadeira comigo mesma, quando supero um medo ou quando ajudo alguém. Também me sinto bonita quando leio uma mensagem de carinho de alguém agradecendo pelas postagens da página. Já sofremos tanta cobrança externa, como se devêssemos nos focar na nossa aparência para que sejamos aceitas e amadas... Você não deve beleza ao mundo nem a ninguém, você existe no mundo para viver e ser respeitada como ser humano, independentemente de qualquer coisa.

51. A vida é muito curta para gastar tanta energia se odiando.

Parece aquele tipo de conselho que recebemos de pessoas mais velhas (e ao qual não costumamos dar ouvidos, principalmente quando somos jovens), mas vem cá que eu quero te falar uma coisa do alto da minha sabedoria de "tia": a vida passa rápido demais para a gente perder tanto tempo se odiando. É sério, você já parou para pensar em tudo o que viveu até aqui? Não sei exatamente quantos anos você tem, mas pense nos últimos 12 meses da sua vida (que você achou que iam demorar para chegar até o fim, e no final ficou surpresa por perceber que mais um Natal estava se aproximando). A impressão que tenho é que, a cada ano, a vida passa mais rápido – e tempo é uma das únicas coisas da vida que não podemos recuperar. Não dá para voltar atrás e reviver o passado, não importa quanto dinheiro ou poder você tenha. Tempo inclusive é mais caro e valioso do que dinheiro, porque não se pode pegar de volta o que já passou.

Sempre paro e penso quanto tempo perdi na adolescência e início da fase adulta brigando comigo mesma ou me culpando por coisas que hoje nem importam mais, mas demorei anos para entender o mal que estava me fazendo. Assim como sugeri em alguns desafios anteriores, procuro não me culpar pelas coisas que passei e, ao olhar para mim com autocompaixão, carinho e cuidado, penso que fiz o melhor que podia com as ferramentas que me eram disponíveis na época. Hoje tenho consciência de que se odiar é uma total perda de tempo, que não muda nada na vida de ninguém, além de gerar diversas coisas negativas que simplesmente poderiam ser evitadas. Na minha vida, nem tudo é perfeito ou como eu gostaria que fosse, mas tento fazer o exercício da aceitação, porque isso me faz viver um presente mais feliz e menos doloroso.

Imagine se todo esse tempo e toda essa energia tivessem sido investidos em amor? Se eu tivesse trocado palavras duras por carinho e cuidado, me pergunto quanto eu teria aproveitado melhor os momentos da minha vida e passado por eles de maneira mais tranquila e leve. A vida é muito curta para você passar tanto tempo com raiva de si mesma. Um dia você vai olhar para trás e pensar nisso, se já não o estiver fazendo agora. Invista tempo em pensamentos positivos que vão frutificar e fazer de você uma pessoa melhor no presente e no futuro. Não espere muito para despertar para isso – as pessoas só "acordam" depois de um processo doloroso ou com a descoberta de uma doença, por exemplo. Tenha esta mensagem como um sinal de que chegou a hora de mudar essa chave. A vida passa voando e o tempo corre depressa demais. Seja sua parceirona de vida!

52. Curta-se. Ficar sozinha e aproveitar sua própria companhia também é importante.

Para dar início a este desafio, precisamos diferenciar dois conceitos que são parecidos, porém diferentes: *solidão* e *solitude*. Ambos indicam que o sujeito está sozinho, ou seja, desacompanhado de outras pessoas. Mas a *solidão* é um estado que subentende certo sofrimento, resultante de um isolamento por diversas circunstâncias da vida. Já a *solitude* apenas indica que a pessoa está sozinha, isolada ou reclusa, voluntariamente ou não, e a palavra não tem uma conotação tão pesada quanto a anterior.

Sempre tive uma relação muito natural com minha própria solitude, porque desde criança sou muito reservada. Além de reservada, aprendi também a ficar sozinha porque não tinha muito convívio com outras crianças. Por conta disso, forçadamente ou não, comecei a aproveitar minha própria companhia e nunca entendi muito bem quem não tinha essa vivência ou capacidade. Não que minha companhia fosse incrível sempre, mas eu me surpreendia ao descobrir que existiam pessoas com verdadeiro pavor de fazer coisas desacompanhadas. Hoje entendo que existe um balanço entre buscar momentos de solitude e de estar acompanhada, porque acabamos precisando de ambos para equilibrar nossa vida de maneira saudável.

Por conta do meu histórico, tive que aprender a aproveitar companhias, pois não estava acostumada a isso. Mas em alguns momentos presenciei uma profunda solidão mesmo estando com pessoas à minha volta, e vi o quanto essa sensação era ruim. Algo parecia estar faltando, até eu descobrir que o que faltava mesmo era mais de mim mesma. Com isso, aprendi que ficar sozinha não é sinônimo de solidão. Eu precisava estar presente comigo mesma, independentemente de ter pessoas por perto ou não. Eu deveria ser minha primeira opção como melhor companhia, já que eu estaria comigo em todos os momentos, querendo ou não. Assim, passei a cobrar minha própria presença em momentos em que queria ficar sozinha, pois percebi que isso é sinônimo de me cuidar também.

Ficar sozinha faz parte da vida – precisamos desses momentos para reflexão, descanso ou até para cuidarmos de nós mesmas. Tirar momentos para si também representa a independência e a coragem de encarar sua própria companhia e olhar de frente para os problemas, já que muitas pessoas têm medo de encarar seus próprios demônios quando estão sozinhas. Estar sozinha te faz aprender (às vezes na marra) quais são os pontos em você mesma que precisam ser observados, o que gosta de fazer e qual o seu desejo. Esses períodos de recolhimentos são importantes e, para isso, você precisa saber aproveitar sua própria companhia antes de aproveitar a dos outros. Nunca esqueça que você não estará só se estiver consigo mesma!

53. Pense se suas expectativas estão lhe servindo de inspiração ou apenas lhe frustrando.

Certa vez, vi uma pichação de muro com a seguinte frase: "A expectativa é a mãe da merda". Hoje eu entendo o quanto devemos ser cautelosos quando estamos estabelecendo metas ou alimentando expectativas na vida. É preciso que sejamos muito sinceras com nós mesmas, refletindo racionalmente sobre as coisas que nos rodeiam e pensando se nossas expectativas estão servindo como algo positivo ou só têm aumentado e alimentado nossas frustrações.

Sabemos que frustrações fazem parte da vida – e que devemos aprender a lidar com elas –, mas você já parou para pensar se está estabelecendo metas e expectativas realistas a respeito das coisas ou está se baseando em coisas inatingíveis e irreais que só geram sentimentos negativos?

Percebi que, por mais que tenhamos um objetivo final muito complexo ou sonhos que demandam tempo e energia para serem atingidos, é importante também traçar metas e expectativas menos ambiciosas, que sejam possíveis de ser cumpridas em um curto prazo. Isso já alivia um pouco da pressão que colocamos em nós mesmas. Além disso, quanto mais rápido enxergarmos os resultados, maiores serão as chances de nos manter motivadas rumo à meta final, que pode demorar mais tempo para ser conquistada, simplesmente porque essa meta maior muitas vezes não depende apenas de você.

Sabe a história de ter expectativas muito altas sobre si mesma ou sobre algo? Sempre tento pensar se determinada expectativa que tenho na vida está me ajudando a crescer como pessoa e sendo benéfica à minha saúde mental ou se só tem servido para me frustrar, gerando culpa por não atingir determinada meta muito fora da minha realidade.

Metas irreais criam uma expectativa muito grande, que por sua vez gera uma ansiedade quase que incontrolável, podendo acarretar questões ainda mais profundas e difíceis de lidar futuramente. O misto de frustração e ansiedade pode ainda piorar seu processo de autoaceitação, e você pode se perder nele por conta da pressão mental que tem se colocado. Lembre-se de que devemos nos preocupar com nossa saúde mental e nos comprometermos com ela, estando sempre alertas a fatores que podem estar afetando nosso bem-estar emocional. Respeite seu tempo e sua história, e pense se suas expectativas estão te alimentando ou te devorando viva.

54. É humanamente impossível agradar todo mundo.

Esse foi um dos ensinamentos que mais demorei para aplicar na minha vida real e que continuo lutando para exercitar diariamente – e já sofri muito por não atender a essa que é uma expectativa completamente impossível de ser alcançada. Eu pensava que seria feliz se conseguisse agradar os outros, todos ao mesmo tempo. Não sei se era otimismo ou ingenuidade demais pensar que alguém um dia conseguiria realizar tal proeza. Além de ser humanamente impossível agradar todo mundo, eu ainda passava por cima de mim só para agradar a maioria, porque tinha medo de bancar as coisas que eu queria e bater de frente com as pessoas, indo contra o que os outros esperavam de mim. Com o tempo, isso obviamente passou a me envenenar, porque, quanto mais eu tentava agradar o mundo, mais eu desagradava a mim mesma. E, quanto mais eu tentava agradar todo mundo, mais eu percebia que essa tarefa nunca seria atingida plenamente como eu esperava. É como um lençol de elástico pequeno demais: você encaixa uma das pontas no colchão, mas quando tenta encaixar a outra ponta no lado oposto, a primeira sempre acaba se soltando – é aí que você percebe que é um lençol de solteiro tentando se encaixar em uma cama king size. Ou seja, não vai acontecer, por mais que você tente apertar todos os lados. É como se você estivesse tentando encaixar sua grandiosidade em uma coisa limitada que nunca vai dar conta dela.

O grande problema disso é que, conforme os anos passam, você vai se apagando dentro de si mesma e se perdendo. Vai deixando de lado seus pensamentos, sentimentos e planos para viver o que os outros demandam. Um dia, percebi que, por mais que eu tentasse agradar a maioria, ainda existiriam pessoas que me criticariam pelos meus atos, e isso me frustrava. Pensava que deveria existir um senso comum em que todos concordassem com uma postura específica, um ponto de intersecção em que agradaríamos todos ao mesmo tempo. Mas é claro que isso nunca ia acontecer. O mundo é composto por bilhões de pessoas com histórias e características diferentes, e não sei por que pensei que um dia conseguiria atender todas elas ao mesmo tempo.

Não passe por cima de si por conta dos outros, porque só você sabe o que vive diariamente. Durma em paz consigo mesma e descanse a cabeça tranquila no travesseiro. Você não precisa – e nem vai conseguir – agradar a todos. E o mais importante é aprender a conviver com isso de maneira harmônica, sem culpa ou sentimentos negativos.

55. Tudo tem seu próprio tempo de acontecer.

Respire fundo e repita o título deste desafio em voz alta. Às vezes ficamos ansiosas demais com a quantidade de informações que recebemos do mundo e esquecemos que algumas coisas levam tempo para acontecer, principalmente porque não estão sob nosso controle. É comum que queiramos acelerar processos que ainda não estão maduros o suficiente ou que não estão no momento apropriado de desabrochar – e, quando temos que esperar, acabamos nos frustrando muito. Você já tentou tirar da árvore uma fruta que ainda não está madura? Ou tente comer uma banana verde e sinta sua boca instantaneamente "amarrar". A questão é: não importa o quanto você goste da fruta, se não está na hora, ela não deveria ser comida.

Como já disse, não adianta sofrer por coisas que não estão no seu controle, principalmente porque nem tudo acontece da noite para o dia. É preciso saber esperar e trabalhar na coisa certa para colher os frutos futuramente. Temos uma ideia imediatista de que estamos perdendo tempo aguardando ou que outras pessoas estão sempre fazendo e conquistando mais do que nós, mas isso é uma ilusão que deve ser ignorada, porque cada um tem seu próprio tempo e vai passar por experiências diferentes. O imediatismo pode inclusive fazer você perder grandes oportunidades, já que apressar processos nem sempre faz com que eles aconteçam – e você pode perder o *timing* deles.

Não se culpe ou fique ansiosa por ter que esperar. Cada coisa tem seu momento certo de acontecer – e, se não aconteceu, é porque não era para ser. Aprenda a dar espaço para seu tempo pessoal e saiba que diferentes indivíduos passam por diferentes processos de diferentes maneiras. Seja você mesma e procure ser feliz, fugindo de toda a pressão e expectativas alheias.

56. Você não precisa dar conta de tudo. Não carregue o mundo nas costas e não se leve tão a sério.

Existe uma pressão constante sobre nós, mulheres, que diz que devemos dar conta de tudo e cuidar de todos à nossa volta. Quando não conseguimos resolver os problemas dos outros, acabamos nos sentindo culpadas, como se fosse nossa obrigação e fizesse parte da nossa "natureza" solucionar todos os problemas do mundo. Inclusive, muitas vezes acabamos cuidando tanto dos outros a ponto de esquecermos nós mesmas – e nós também temos problemas a ser resolvidos.

Passei muito tempo me culpando por acreditar que eu tinha sido um dos maiores problemas na vida de outras pessoas, já que nasci em um contexto não necessariamente planejado, e sempre tentei encontrar o meu "lugar". Um dia, percebi que, por mais que eu sentisse isso, eu não era tão importante assim a ponto de estragar a vida de alguém. Às vezes, enxergar-se com uma certa falta de importância ajuda no processo, já que tira de você um peso e uma responsabilidade que podem estar só dentro da sua cabeça. Eu estava me conferindo importância demais, e achava que precisava consertar aquela situação de alguma forma. Até que descobri que, primeiro, não era minha culpa e, segundo, não havia mais nada que eu pudesse fazer a respeito.

Fuja dessa ideia de que é sua responsabilidade consertar o mundo. É claro que devemos sempre fazer nossa parte – e o que está a nosso alcance – para ajudar o próximo, a nossa comunidade e o planeta como um todo, mas estou falando em um nível mais subliminar. Você, mulher, não tem que dar conta de tudo porque não é sua obrigação cuidar do mundo. Você não é culpada pelas atitudes e pelos erros dos outros. E você não é um fracasso por não dar conta de tudo.

57. Vá e faça. Se der medo, vá com medo mesmo.

O medo faz parte de nós e de nosso instinto de sobrevivência. É normal que ele exista, é um instinto de proteção quase involuntário. Quando nos vemos diante de algum risco – seja ele físico, psíquico ou emocional –, tentamos ao máximo nos preservar para fugir da dor e das frustrações que podem ser geradas por resultados negativos. Mas o importante é não se deixar congelar pelo medo a ponto de ficar impossível se mover para qualquer direção.

Não caia na ideia de que as pessoas que obtiveram sucesso em alguma situação não tiveram medo. Provavelmente, elas apenas encontraram maneiras de contornar o medo. É essencial que sua vontade de fazer acontecer ou de tomar uma atitude supere esse sentimento que não a deixa progredir. Entenda seu medo e converse com ele quando necessário. Ele inclusive pode estar tentando te mandar mensagens às quais você não dá ouvidos e até mesmo te indicando caminhos mais seguros a seguir. Procure alternativas que possam fazê-la sentir-se mais segura, caso seja possível no seu contexto específico.

Sempre tento pensar que, para pular de paraquedas, você não precisa estar confiante 100% do tempo. Na verdade, o que você realmente precisa é de três segundos de coragem intensa para decidir saltar – já que, a partir do momento que está caindo, não existe mais nada a ser feito. Muitas vezes, em tomadas de decisão, tudo o que precisamos é desses momentos em que enfrentamos o medo e finalmente decidimos saltar rumo ao desconhecido e tomar uma ação. E isso significa que o medo não deixa de existir – só precisamos saber lidar com ele da melhor forma possível.

58. Dê uma chance para suas certezas não serem tão certas assim.

Não existe absoluta certeza de nada no mundo – além, é claro, do fato de que todos vamos morrer um dia. Essa é a única certeza humana, o resto é balela. Assim, ter completa certeza de algo faz com que muitas vezes fiquemos cegas em relação às outras possibilidades da vida, já que não damos espaço para que existam outros pontos de vista – o que geralmente existe nas mais diversas situações. Sabia que às vezes nossa mente pode nos enganar? Podemos estar dando ouvidos demais a pensamentos que não fazem parte da realidade ou que não mais nos servem ou nos fazem bem.

Nem tudo é 100% como pensamos, e não nos levar tão a sério nem achar que somos detentoras de uma verdade (que nem existe) pode ajudar a mudar alguns conceitos que nos impedem de progredir. Duvide mais de si mesma, pense que você pode não estar totalmente certa de algo, enxergue novas possibilidades e pontos de vista. Esse espaço para a dúvida é importante, já que a incerteza pode indicar que algo não está certo no meio do caminho. Procure dar mais espaço também para a sua intuição, pois ela costuma se manifestar nesses momentos em que estamos procurando algumas respostas.

Vamos nos permitir errar e nem sempre estar certas. Inclusive porque é ótimo quando a surpresa é positiva e exatamente o contrário daquilo que imaginávamos!

59. Seja a melhor versão de si mesma todos os dias – não espere o próximo mês ou o novo ano.

Vivemos numa sociedade completamente imediatista e extremista, que nos faz pensar sempre na dicotomia do "tudo ou nada". Sabe aquela ansiedade da vida que nos faz pensar que perdemos muito tempo em relação a algo que não deu muito certo e que está tudo perdido? Calma, respire fundo e conte até dez. Dê a si mesma um tempo para mudar, para tomar uma nova iniciativa, para tentar de novo e fazer diferente. Conte até quanto for necessário, para que você faça o que precisa ser feito ao seu tempo.

Temos a cultura de "começar as coisas na segunda-feira" ou esperar o novo ano para fazer resoluções (que muitas vezes não chegamos a cumprir nem pela metade), sem pensar que muitas possibilidades estão acontecendo neste exato momento. Quanto mais você procrastina, mais tempo perde esperando a semana que vem chegar. Quantas oportunidades existem entre o agora e a hora que você está esperando chegar?

A todo momento, temos a oportunidade de fazer diferente daquilo que fizemos cinco minutos atrás. Só que temos a tendência de esperar "grandes momentos" para dar uma guinada na vida ou mudar algo. Mas pense que, a cada segundo, você pode se propor algo diferente do que está acostumada, e nunca é tarde demais. Sabia que você tem todos os dias para ser a melhor versão de si mesma? Por que não começa logo a realizar aquele plano que está na sua mente já há algum tempo, mas que você tem adiado constantemente? Faça uma lista com coisas práticas e simples que podem ser executadas agora e que estão dentro do seu alcance, seja psicológico, financeiro ou emocional. Algumas delas nem precisam de dinheiro e são atitudes práticas que podem ser adotadas em pequenas doses diárias. Que seja começar a se expressar mais para o mundo, ir caminhando até o trabalho, tentar aprender uma coisa nova ou até mesmo mandar uma mensagem para alguém. O que você pode fazer agora para ser uma versão melhor de si mesma no final do dia?

Novas possibilidades de mudar surgem o tempo inteiro. Portanto, não se cobre tanto e nem se culpe pelos erros do passado.

Deixe-os para trás e busque sua melhor versão dia após dia. Estamos em constante evolução e sempre temos novas chances diante de nós!

60. Encontre sua zona de conforto... e saia dela.

Você sabe o que é zona de conforto? Como o próprio nome já diz, é um espaço confortável e conhecido, onde geralmente nos sentimos protegidos e no controle da situação. É o espaço em que todas as situações conhecidas da sua vida acontecem, em que você reconhece atitudes, pessoas, sentimentos, ações e reações, envolvendo tudo o que faz parte da sua rotina e que você já viveu anteriormente de alguma forma. Criamos nossas zonas de conforto basicamente como mecanismo de defesa, já que ela não nos apresenta riscos, ansiedade ou estresse. Além disso, executar tarefas às quais estamos acostumados pode nos poupar tempo, já que temos experiência prévia naquilo, adquirida através de repetição, por exemplo.

Para a grande maioria de nós, ficar na zona de conforto é muito mais fácil, já que não precisamos nos engajar com questões mais profundas ou que demandem energia física, emocional ou psicológica. É como se estivéssemos correndo um risco pequeno fazendo um investimento pequeno. Mas é importante lembrar o que isso pode nos custar no longo prazo, principalmente se ficarmos muito tempo paradas dentro dela.

A questão é: não existe evolução dentro da sua zona de conforto. Poucas coisas diferentes acontecem lá, e ela não propõe muito crescimento a ninguém. Além disso, estar na zona de conforto significa continuar repetindo as mesmas ações, mesmo buscando um resultado diferente. Albert Einstein já dizia que não adianta querer resultados diferentes fazendo as mesmas coisas. O problema é que sair dessa zona nem sempre é fácil, uma vez que você precisa se arriscar a sentir e fazer coisas às quais não está acostumada – e que você não sabe o que gerarão futuramente em sua vida. É um risco caminhar rumo ao desconhecido, e não gostamos muito da ideia do perigo que isso pode representar. Mas você precisa entender quão enriquecedor é (ou pode ser) sair dela.

A zona de conforto nos paralisa de alguma forma, impedindo nosso caminhar e, consequentemente, nosso crescimento. E não estou falando apenas de grandes decisões como pular de paraquedas ou escalar o monte Everest. Sair da sua zona de conforto pode envolver questões muito menores, como se propor a pensar diferente, pedir uma comida do cardápio que você nunca provou antes ou permitir-se sentir algo novo.

Na verdade, a ideia desses meus 100 desafios é propor exercícios para que você saia da sua zona de conforto e busque uma nova relação consigo mesma – e, se você chegou até aqui, já deve ter percebido o quanto já progrediu nos últimos tempos. Se você experimentou algo diferente, já se propôs a sair um pouquinho dela e tentou algo além do que está acostumada.

Sair da sua zona de conforto também te convida a analisar seus medos e o que você evita, dando uma chance para que entenda por que você busca se manter no conforto. Ou seja, é um exercício que convida ao autoconhecimento e a mais reflexões sobre nós mesmas.

É importante perceber os círculos viciosos em que nos colocamos quando tentamos fugir de uma situação que nos ofereceria crescimento. A zona de conforto nos paralisa em atitudes como a procrastinação. Caso sair da zona de conforto represente algo muito grande e complicado em sua vida neste momento, pense em como você pode dividir o plano em conquistas menores, dando pequenos passos rumo ao objetivo final.

Claro que não dá para viver o tempo todo em risco, porque as chances de você prejudicar sua saúde mental são imensas. Saber quando voltar para sua zona de segurança é importante também, assim você consegue tomar fôlego, recuperar sua energia e relaxar para dar um grande passo no futuro. Não tem nada de errado estar na zona de conforto, mas tenho certeza de que se propor a sair dela fará com que você tenha mais orgulho de si mesma e se sinta mais aventureira com o passar do tempo, buscando coisas novas e se arriscando mais. É como aprender a dirigir: quanto mais experiência você adquire com o carro, mais preparada se sentirá para desbravar novas estradas e descobrir lugares que não sabia que existiam. Você pode também tentar fazer pequenas coisas diferentes todos os dias e aplicá-las na sua rotina, mudando o que você está acostumada a fazer – como tentar uma nova rota para o trabalho, por exemplo.

Ao realizar qualquer mudança, lembre-se sempre de analisar o que você sentiu e o que aprendeu, mesmo que o resultado obtido tenha sido negativo. Algumas vezes, não conseguimos sair da nossa zona de conforto simplesmente porque estamos sob muito estresse e somos forçadas a tomar decisões rapidamente. Nesses casos, pare, respire fundo e relaxe. Analise a situação sob diferentes perspectivas até ganhar mais confiança em sua decisão. Comece com pequenos passos até que consiga "pular" ou "correr" em algum momento. Com o tempo, você se sentirá mais segura, principalmente quando tiver mais experiência com isso. Tenho certeza de que os ganhos para sua vida serão inúmeros.

61. Desacelere. Use seu tempo com mais qualidade e aprenda a viver o momento.

No mundo em que vivemos, é comum estarmos sempre em ritmo acelerado, muitas vezes sem nos dar conta disso. Somos cobradas a estar sempre conectadas a tudo o que acontece à nossa volta, mas pouco nos lembramos da importância de nos conectarmos a nós mesmas, à nossa essência. Tanto interna quanto externamente, acabamos sempre tendo que lidar com muitas coisas, e isso pode gerar uma sobrecarga que não nos motiva positivamente e não nos traz nenhum benefício.

Confesso que desacelerar é um exercício difícil, uma vez que podemos estar vivendo no piloto automático há anos. Não estou falando que conseguimos desacelerar e estar 100% focados em absolutamente tudo o que acontece no nosso presente, até porque acabamos desligando nossa mente quando exercitamos ações simples e rotineiras, como amarrar os sapatos, por exemplo. Se não tivéssemos essa capacidade de "desligar" nossa mente, provavelmente nunca conseguíramos planejar nenhum ato futuro porque usaríamos toda a nossa atenção no momento para executar tarefas básicas, focadas apenas no que está acontecendo agora.

Porém, muitas vezes acabamos vivendo completamente fora da realidade atual, passando tempo demais no futuro (ou até mesmo no passado) – e nossa mente é tomada por inúmeros pensamentos que não têm nada a ver com o presente e que nos fazem perder momentos importantes. Para que isso não aconteça com tanta frequência, lembre-se de prestar atenção no seu presente e nas coisas que está fazendo neste momento. Algumas de nossas atividades requerem mais foco e atenção no presente do que outras, como comentei acima. Amarrar o sapato não exige nossa atenção dedicada, mas estudar ou realizar uma tarefa importante no trabalho, sim. Sem contar que viver fora do presente pode gerar sentimentos ruins como ansiedade e angústia, e isso impacta diretamente na nossa saúde mental.

Usar nosso tempo com mais qualidade é saber também aproveitar melhor as possibilidades que se apresentam. Sabe quando você se desliga da sensação de ansiedade e passa a perceber pequenas coisas que estão acontecendo ao seu redor? Ao se reconectar com o momento, você pode se dar conta de novas sensações, pensamentos ou até mesmo objetos nos quais nunca tinha reparado antes. Isso também vai ajudar a limpar sua mente quando você precisar se acalmar ou tomar decisões, já que nem sempre conseguimos nos ouvir plenamente quando estamos aceleradas e conectadas demais com o exterior. Um exercício que me ajuda a me conectar com o momento presente é a meditação. Eu foco na minha respiração, no meu corpo, paro tudo o que estou fazendo para prestar atenção no meu coração batendo, e percebo que estou viva.

É importante sempre lembrar do balanço entre sua essência e o mundo lá fora, mas lembre-se de que dentro de você existe um refúgio que está vivo e sempre pronto para te dar respostas e lançar novas perguntas. Desacelere e ouça mais – tanto o seu interior quanto o que está ao seu redor. Busque momentos, ações, pensamentos, lugares e coisas que te acalmem e que vão te ajudar a conectar-se consigo mesma.

62. Trate seu corpo com carinho e dedique-se a ele.

Já falamos sobre melhorar a relação com a alimentação (desafio 25) e sobre como as mulheres são cobradas para ser bonitas e atender a um padrão de beleza e comportamento irreais. Mas você já pensou na maneira como trata seu corpo? Ao mesmo tempo, já pensou que, mesmo você sendo muitas vezes dura e crítica, ele continua funcionando e te mantendo viva? Mesmo sabendo que você já tentou (ou tenta) modificá-lo por não conseguir aceitá-lo, ele continua de alguma forma garantindo sua existência no mundo. Considerado às vezes um grande vilão, ele sobrevive e resiste diariamente, apesar de tudo o que já aconteceu entre vocês e apesar de a sociedade dizer que ele é inadequado, já que todas as mulheres sofrem pressão estética de alguma forma – até mesmo quem está totalmente dentro do padrão estético vigente sofre uma cobrança constante para nunca sair dele. Mas sabemos que em algum momento nosso corpo vai mudar, porque estamos dia após dia envelhecendo e passando por transformações – querendo ou não.

Sempre que penso na quantidade de dietas malucas que já fiz, nas privações que passei e em quantas horas de exercício pratiquei exaustivamente para tentar emagrecer, reflito sobre como fui cruel com meu corpo, colocando-o sob muita pressão. Não o alimentei sempre que tive fome, fiz com que ele corresse horas na esteira sem ter energia suficiente, desaprovei sua forma diante do espelho e fui dura com ele. Não gostava dos meus braços, dos meus seios, do meu queixo e perguntava para aquele corpo em negação por que ele era daquele jeito. Me achava feia, desproporcional, alta demais, tentando me encaixar a qualquer custo dentro de um padrão que, para o meu biotipo, era inatingível e irreal – e falhei por incontáveis vezes. Gastei anos dizendo coisas horríveis a ele. Fiquei triste, frustrada e o culpei por tudo de ruim que me acontecia. Mesmo assim, ele não me abandonou.

Meu corpo seguiu caminhando. Levou-me a novos continentes. Minhas pernas me guiaram a países cujo idioma eu não conhecia. Meus olhos me proporcionaram as mais belas paisagens. Minhas mãos escrevem diariamente mensagens que impactam a vida de milhares de mulheres. Minha boca exprime minhas ideias e me faz dar as mais gostosas gargalhadas quando estou com pessoas que amo. Meu corpo me conduz até meu trabalho, me proporciona momentos de muita felicidade e é o meio pelo qual posso me expressar e viver no mundo. Quando toco meu corpo, ele me responde e me dá prazer, mesmo depois de tudo o que fiz a ele.

Hoje procuro cuidar melhor deste meu corpo e mudar minha perspectiva toda vez que começo a pensar algo ruim a respeito dele. Procuro pensar que eu não *tenho* um corpo, eu *sou* um corpo. A ideia de *ter* algo pode ser associada a uma coisa que pode ser facilmente trocada ou substituída. Mas eu *sou* este corpo, com toda a minha história e características genéticas. Eu sou as pernas da minha mãe e a boca do meu pai, sou as minhas mãos que escrevem e os meus olhos que enxergam.

Habitar o seu corpo é verdadeiramente morar dentro dele. Quando você ocupa um quarto, procura trazer seus objetos pessoais e deixá-lo do seu jeito. Alguns gostam de ter plantas, outros preferem quadros coloridos. Tem gente que traz até cachorro para ocupar um espaço. Eu convido pessoas queridas para ocuparem meu quarto comigo. Lembre que você primeiro precisa fazer isso com seu próprio corpo, porque ele é o espaço primordial que você ocupa para existir no mundo. E então? Como você vai habitar seu corpo a partir de agora?

63. Fortaleça sua rede de mulheres. Pare de vê-las como adversárias.

Um dos grandes (e primeiros) ensinamentos que o feminismo me trouxe foi que eu deveria passar a enxergar as mulheres não mais como adversárias, mas como parceiras e aliadas. Descobri que nelas existiam também partes de mim, e foram elas que me ajudaram a entender melhor o que se passava na minha mente e, principalmente, a perceber que eu não estava sozinha com minhas questões e vivências. Antes, por medo dos preconceitos impostos pela sociedade, eu achava que as outras mulheres eram minhas rivais. Essa foi a primeira grande desconstrução que deu abertura para que eu pudesse me aproximar de mulheres e, sem saber, dar início a um grande processo de autoconhecimento e à compreensão do que é o feminismo.

Sinto que isso impactou diretamente minha vida, especialmente por ver que os problemas pelos quais eu passava não eram só meus. Meus medos, angústias, culpas e frustrações estavam presentes em outras mulheres também, o que me ajudou a entender melhor a raiz de algumas das questões que eu estava vivenciando. Depois de mudar minha visão em relação à amizade feminina, passei a criar novos e frutíferos laços com muitas que estavam à minha volta e percebi a importância de fortalecer minha rede de mulheres.

Quando falo em "fortalecer a rede de mulheres", refiro-me a fortalecer a relação com mulheres próximas, que já estejam na sua vida de alguma forma, ou até mesmo a se propor a conhecer novas que se conectem com você de alguma forma específica. Não entenda isso como uma obrigação de ser a melhor amiga de todas as mulheres do mundo, muito menos de aceitar tudo o que vier delas – afinal, criamos laços com as pessoas através da afetividade, seja por identificação, empatia ou troca emocional. Mas fortalecer essa rede passa por enxergar mulheres que sempre estiveram próximas fisicamente de você e que podem estar precisando da sua ajuda ou dispostas a oferecer algo também. Você pode, por exemplo, investir em mulheres empreendedoras, comprar produtos ou serviços oferecidos por mulheres na sua comunidade, oferecer seu tempo para ajudar as que necessitam ou até mesmo propor conversas e debates que possam apresentar uma mudança significativa na sua vida – e na vida das mulheres à sua volta.

Uma das coisas que o feminismo me mostrou foi a ideia de que a competição entre as mulheres se apoia basicamente na disputa pela atenção masculina. Muitas competem entre si por beleza ou brigam para "merecer" a atenção dos outros, já que a sociedade nos fala o tempo todo que nunca seremos boas o suficiente e que temos sempre que "conquistar" carinho, afeto, atenção e reconhecimento. Também nos é ensinado que a beleza da outra faz com que a nossa seja automaticamente anulada, simplesmente pelo fato de sermos diferentes. Existe também a necessidade constantemente alimentada de que precisamos nos sentir desejadas, pois só assim seremos valorizadas e faremos valer nossa existência no mundo. Não, a beleza da outra não exclui a sua. Não, você não precisa conquistar a atenção dos outros ou implorar por ela. E, não, as outras mulheres não querem sempre seu mal.

O fato de estarmos juntas por uma mesma causa e termos empatia umas pelas outras é uma arma potente contra a sociedade machista, além de ser um "alimento" fundamental para que possamos descobrir mais sobre nós mesmas. Essa relação de parceria feminina faz com que enxerguemos realidades novas e diferentes das nossas, com nossos recortes específicos. Devemos lutar juntas para que todas as mulheres sejam livres de alguma forma, pois estamos conectadas através de nossa condição imposta pela sociedade.

Nossa vida enquanto mulheres é sobre resistência, sobrevivência. E amizades femininas podem te levar a lugares aos quais você nunca imaginou chegar antes. Fortaleça sua rede de mulheres, esteja disposta a ouvir histórias diferentes da sua e veja como você pode ser ativa em ajudar outras mulheres – por exemplo, abrindo espaço no mercado de trabalho ou estando disponível para ajudar uma mãe solo. Manter uma relação positiva com outras mulheres vai te apresentar novas ideias, novas vivências e também mudar sua relação consigo mesma, como um espelho.

64. Perceba de que modo você tem se sabotado (e por quê).

Você já fez algo que acabou prejudicando a si mesma ou gerando consequências negativas em sua vida? Deixou de fazer alguma coisa mesmo sabendo que era importante? É como se, conscientemente, estivéssemos traçando um plano rumo a algo novo e nosso inconsciente não nos deixasse avançar por ser resistente à mudança ou criasse maneiras de nos impedir de atingir algo que queremos.

A vida é sinônimo de constante aprendizado. Depois que você sai da sua zona de conforto e se propõe a mudar, pode encontrar muita energia e motivação em um primeiro momento – já que existe a vontade real de partir rumo ao novo e alcançar novos patamares. O grande problema aparece quando encontramos as primeiras dificuldades na caminhada rumo ao nosso objetivo, que podem fazer com que tenhamos o sentimento de estar fazendo algo errado. Isso pode até mesmo nos desmotivar e derrubar aquela fagulha inicial quando decidimos tomar uma atitude.

Quando nos deparamos com as primeiras questões negativas, criamos inconscientemente a ideia de que não somos capazes de lidar com aquela situação específica, ou que vai ser difícil demais conquistar algo. Eis que surge nossa voz interior, trazendo todos os pensamentos negativos e inseguranças que tentam nos dizer que, bem lá no fundo, já sabíamos que não íamos conseguir – e às vezes passamos a acreditar que não vale a pena nem tentar. A autodescrença e a temida falta de autoestima fazem com que você bloqueie qualquer atitude positiva que a motivava no começo, e aí você finalmente encontra motivos para remar na direção contrária do que queria no começo, como se a mente tivesse achado um álibi para evitar que você mude e corra riscos. Então, mais uma vez, aparece o medo como forma de proteção, e você acaba caindo numa armadilha do seu subconsciente.

É importante perceber seus momentos de autossabotagem, porque eles provavelmente tornarão a aparecer e a farão duvidar de suas próprias capacidades, podendo até surgir repetidas vezes dentro da mesma questão, tornando-se quase que um hábito inconsciente. Depois de diversas falhas em relação a um mesmo objetivo, por exemplo, enchemos nossa mente de sentimentos negativos e passamos a acreditar que aquilo nunca vai ser realmente possível, uma vez que cada falha funciona como uma prova de que não somos capazes de atingir o que desejamos.

Assim, é importante tomarmos consciência desses momentos de falha e percebermos de que forma estamos nos sabotando, para que tracemos um plano e mudemos a estratégia em busca do resultado desejado. Pense que nos obstáculos e dificuldades é que encontramos a força interior que nos faz crescer, o que não acontece quando estamos na nossa zona de conforto, onde não aprendemos nada de novo e não nos motivamos a evoluir. Observe como é incrível sentir orgulho de si mesma depois de superar pequenas ou grandes batalhas e abrace isso dentro de si, por mais que pareça um sentimento que não te pertence a princípio. Mas repita: "Com toda essa luta interna, como é bom sentir orgulho dos caminhos (e desvios) que estou fazendo!". Identifique o que a impede de progredir e trace um plano. Você pode – e deve – quebrar esse círculo vicioso.

65. A teoria de nada adianta se você não a coloca em prática.

Quando nos propomos a fazer um desafio, acredito que o mais importante – além de tudo o que aprendemos com o que lemos, com as informações compartilhadas com outras mulheres e com a sabedoria adquirida com nossas experiências – é a maneira como aplicamos tudo isso na nossa vida cotidiana.

Tive esse *insight* quando percebi a quantidade de frases ou textos incríveis que eu tinha lido e estava guardando comigo, sem efetivamente aplicá-los no mundo real nem me aperfeiçoar de maneira prática. *Saber* não é a mesma coisa que *aplicar o conhecimento*, e um não pode ter sucesso sem o outro. É inclusive a partir da prática você pode perceber o que funciona ou não para você, dentro do seu contexto pessoal. Inclusive, a prática pode te fazer adaptar ou alterar um conhecimento teórico dentro daquilo que funciona na sua vida.

É claro que é importante que sejamos sempre inspirados por outras pessoas – próximas ou não a nós –, seja por meio de mensagens, livros, artigos, histórias, experiências e qualquer outra fonte que possamos absorver. Mas pergunte-se: você tem efetivamente aplicado esse conhecimento, mesmo que sejam doses homeopáticas? O conhecimento só se torna real quando é aplicado na nossa vida de alguma maneira. Ele precisa ganhar vida fora dos textos e do mundo das ideias. Além disso, quando você pratica, faz com que o seu conhecimento também inspire outras pessoas à sua volta. Pratique o que você aprendeu até aqui, mesmo que seja aos poucos, com pequenas atitudes. Afinal, um pouco já é melhor do que nada.

Temos a tendência a ver pequenos progressos com um certo desdém, porque acabamos nos cobrando muito no dia a dia para resolver tudo rapidamente. Mas lembre que de nada adianta saber se você não se esforça para aplicar esse conhecimento no mundo e ativamente fazer algo para que determinada mudança se concretize. É importante que você esteja ciente – assim como foi dito em desafios anteriores – que dias ruins, medos e fracassos virão, mas eles não podem ser motivos suficientes para te paralisar e te impedir de tomar uma iniciativa para sair da zona de conforto. Se estiver difícil, ou se você não estiver pronta para grandes passos, pense como pode, de maneira eficaz, caminhar no seu próprio tempo, respeitando a si mesma.

66. Não pense demais.

Sempre gastei muito tempo e energia pensando demais nas coisas, analisando minunciosamente cada situação. Sofria muito por coisas que às vezes nem tinham acontecido ainda, deixando pouco espaço disponível em minha mente para que eu pudesse agir. Quando você pensa demais nas coisas, pode ter a impressão de que lhe falta energia ou motivação para tomar atitudes, mas na verdade você pode estar apenas canalizando a força que você tem para a coisa errada.

Não estou dizendo que atitudes impulsivas e irrefletidas são as respostas para essa questão, mas sim que você deve pensar se não está se sentindo sem energia ou parada em algum âmbito da sua vida simplesmente por estar ponderando muito. Como já falei anteriormente, é sempre importante buscar o caminho do equilíbrio na vida.

Pensar demais também é uma característica de mentes inquietas, perfeccionistas e que, de alguma forma, buscam ter o controle de todas as situações. Além de ser impossível controlar tudo, existe ainda o fato de que gastar tanto tempo pensando em algo pode te fazer "empacar", já que você está sempre à espera da hora e da atitude correta para dar um passo à frente. O grande segredo é perceber que não existe conduta perfeita e, como já diz o ditado, "feito é melhor do que perfeito".

Às vezes, ficamos esperando que o mundo nos impacte de alguma forma, já que estamos mais acostumadas a reagir do que a agir. Também é válido dizer que o "pensar demais" gera uma situação cômoda de alguma forma, já que não nos propõe a arriscar nada efetivamente, e você pode se encontrar presa na sua zona de conforto. Quando você analisa demais as coisas, acaba não tendo espaço mental ou tempo para fazer mais nada. E pior: você não efetivamente muda a situação, já que acaba analisando demais questões de maneira passiva. Com o que você poderia estar ocupando sua mente agora? Como poderia estar usando sua energia de maneira mais eficaz? Reflita sobre como você pode tomar decisões mais rápidas quando for possível, porque algumas coisas não precisam de tanto "pensar", mas sim de "fazer".

67. Vulnerabilidade não é necessariamente sinal de fraqueza.

Por muito tempo, eu não me permiti ser vulnerável. Meus medos e inseguranças ficavam guardados a sete chaves e eu não conseguia enxergar absolutamente nenhum valor neles, sempre tentando reprimi-los de alguma forma. Por conta disso, eles viveram sufocados dentro de mim por muitos anos, e de repente percebi o quanto isso me fazia mal e me envenenava por dentro.

Antes que você pense que eu só os escondia porque queria manter a pose de mulher independente, devo dizer que esse comportamento já existia muito antes de eu tomar conhecimento do feminismo. Inclusive eu diria que o feminismo me ajudou a enxergar isso de uma maneira completamente diferente, porque passei a me sentir mais livre para falar de meus problemas e compartilhar minhas inseguranças com as pessoas. Com isso, percebi que eu não estava sozinha, e que muitas outras mulheres sofriam do mesmo mal. Com o tempo, fui aprendendo a acolher minhas próprias vulnerabilidades e a estar confortável com elas. Eu não sou perfeita, não sou invencível e sou cheia de inseguranças e imperfeições. E tudo bem, porque isso faz de mim humana.

Quando deixei de reprimir minhas vulnerabilidades e passei a aceitá-las, percebi que elas começaram a tomar mais forma dentro de mim, como se elas se sentissem "abraçadas" de alguma forma, e isso já é um primeiro passo para que as feridas sejam curadas e nossas inseguranças, ouvidas. Assim, por não estarem mais escondidas e enterradas, passei a conversar com elas e dizer: "Tudo bem que vocês estejam aí, porque sou humana. Vai ficar tudo bem. Estamos juntas nessa e vamos superar isso". Além disso, aprendi que falar de vulnerabilidades me aproxima de mim mesma, e não do que esperam de mim. Também compreendi que posso ser uma mulher incrível e forte, mesmo tendo momentos vulneráveis, e isso não anula o fato de que posso continuar sendo inspiradora. Não preciso ser forte o tempo todo, porque não devo isso ao mundo. Eu sou humana, e isso não me torna fraca.

Enquanto você esconde suas vulnerabilidades e não aceita que elas existam, acaba não fazendo nada para que elas sejam superadas de alguma forma. A sociedade prega que mulheres são "fracas" por serem mais "sensíveis". Acho que essa sensibilidade não é nenhum medidor de força, porque somos a nossa força e as nossas fraquezas também como seres complexos e cheios de características únicas – e muitas vezes controversas e opostas entre si. Hoje vejo quão importante é abraçar essa faceta tão humana de mim mesma, porque minhas vulnerabilidades também me fazem forte, e é preciso aprender a estar confortável com elas.

68. Descubra o seu prazer.

Considero este assunto bem importante, então lá vem textão!

Como muitas sabem, existe em nossa sociedade um enorme tabu em torno da sexualidade feminina. Ao longo de muitos séculos, sempre tentaram definir regras preconcebidas em torno da forma como devemos nos comportar, reprimindo nossas vontades e desejos. Somos ensinadas que nosso corpo é vergonhoso e que não podemos falar sobre nosso próprio prazer e nossa sexualidade, e isso faz com que muitas vezes não consigamos atingir momentos de prazer, nem sequer quando estamos sozinhas. Muitas mulheres passam uma vida inteira sem ter um orgasmo ou sem ao menos se tocarem para descobrir o próprio corpo. Há muitos fatores que influenciam o prazer da mulher e que vão muito além de questões físicas (como mulheres que apresentam diminuição na libido por conta do uso de pílula anticoncepcional, por exemplo). E precisamos voltar um pouco no tempo para tentar entender a questão.

Na época da Inquisição, lá no século 15, o corpo e o desejo sexual feminino eram vistos como pecaminosos e satânicos; as mulheres eram "tentações do demônio". Inclusive, nesse período, mulheres que procuravam estabelecer uma relação prazerosa com o próprio corpo eram queimadas na fogueira acusadas de bruxaria, pois pregavam a independência e a autonomia da mulher sobre o próprio corpo. Os séculos foram passando, mas a situação pouco mudou para as mulheres: o sexo tinha como principal função a reprodução, e o prazer sexual era tido como pecado pela Igreja. Havia a tentativa de acabar com toda forma de prazer sexual vindo da mulher, fazendo com que existisse uma carga de culpa tão grande que impedia a relação do sexo com algo que pudesse ser bom. Sexo era permitido, desde que apenas para procriar. Além disso, o corpo da mulher sempre foi julgado e repreendido como algo que devesse ser escondido, e aí nem mesmo as próprias mulheres pareciam capazes de encontrá-los.

Chegamos então ao século 21. Embora muita coisa tenha mudado – com pesquisas e estudos sobre sexualidade feminina, movimentos como o do sexo livre nos anos 1960 etc. –, até hoje existe um certo tabu em torno do tema "liberdade sexual" na vida das mulheres. Ainda vivemos em um mundo sexista que julga a forma como obtemos prazer e nos lança olhares de reprovação quando exercemos nosso desejo sexual.

Você já reparou que quase todos os xingamentos relacionados diretamente às mulheres estão ligados à sua vida sexual? Vadia, vagabunda, puta – todos colocam a mulher como promíscua e estabelecem uma depreciação em relação às suas escolhas sexuais, que vão contra a ideia de ser "pura e casta". Sabemos que a socialização de meninos e meninas é bem diferente nesse quesito: meninos são estimulados a iniciar a vida sexual precocemente, porque na sociedade machista eles são naturalmente merecedores de prazer sexual e devem aprender desde cedo a lidar com o ato em si. Adolescentes são incentivados a se masturbar para que conheçam o próprio corpo. Já as meninas aprendem a se resguardar e a ter vergonha da própria intimidade. Nosso corpo acaba virando um monstro que deve ser escondido e temido. Nesse contexto, há uma grande valorização da virgindade feminina enquanto questão cultural, já que devemos "nos guardar" e nos manter "puras". A masturbação feminina, então, é um tabu, até mesmo para mulheres adultas. Pare para pensar qual a sensação que você tem quando considera pegar um espelho e descobrir como é seu clitóris ou sua vagina. Você já fez isso alguma vez na vida?

Os homens também aprendem que existe um poder relacionado ao sexo e ao próprio prazer obtido a partir dele, e as mulheres aprendem a sentir culpa, sendo que muitas não chegam nem a se masturbar por achar que é errado. Como uma mulher adulta que não aprendeu que pode explorar o próprio corpo – e se sente culpada por isso – vai conseguir se dar prazer? E indo além: como uma mulher que não aprendeu a se dar prazer vai conseguir se sentir à vontade o suficiente para sentir prazer com outra pessoa? Como ela vai saber do que gosta se nunca experimentou o prazer? Quando acontece a primeira relação sexual entre um homem e uma mulher, existe uma diferença muito grande na percepção de cada um em relação ao ato, também estabelecida culturalmente no que diz respeito ao sexo. Em geral, o homem busca o prazer sexual, enquanto a mulher aprendeu a associar sexo com amor, relacionamento e envolvimento emocional. As expectativas acabam sendo bastante diferentes por parte de cada um, lembrando que a mulher não foi estimulada socialmente – muito pelo contrário – a explorar seu corpo, enquanto o homem passou boa parte da vida se estimulando e sendo educado sexualmente. O encontro sexual entre um homem e uma mulher já demonstra uma diferença bem específica entre os dois: um recebeu a educação sexual para saber como obter prazer e o outro, não. Um considera o sexo uma coisa positiva, o outro, não.

Apesar de hoje em dia existir uma "liberdade" maior em relação ao prazer sexual feminino e ele ser mais discutido, muitas mulheres ainda têm medo de se soltar, principalmente pela educação que recebemos de que o sexo deve estar sempre ligado ao amor, e também pelo fato de que sofremos repressões sexuais a vida inteira, aprendendo a nos reprimir para não sermos julgadas pela sociedade. Independentemente das escolhas que você faça, se decidir fazer sexo ou não, sempre existirá um julgamento externo, sob o qual você será considerada "santa demais" ou "saidinha demais". Mulheres nunca estarão no lugar certo, não importa qual escolha seja feita para a vida delas.

Nossa sexualidade, como mulheres, precisa ser desenvolvida e construída, por meio da descoberta da relação com nosso próprio corpo. Envolve a exploração do nosso genital, das nossas zonas erógenas, além de experiências de toque e sensação. Para alcançar o prazer, é necessária a prática de hábitos adquiridos e descobertos com o passar do tempo.

Falando sobre relações heteronormativas, já ouvi incontáveis casos de mulheres que, mesmo estando em relações estáveis, seja um namoro ou um casamento, e tendo um fluxo constante de relações sexuais com o parceiro, continuam não tendo orgasmos. Existem também diversos casos de mulheres que, mesmo sabendo como obter prazer através da masturbação, acabam não exigindo isso na hora do sexo com os parceiros. Acontecem ainda casos de relações sexuais casuais em que mulheres acabam não sentindo prazer porque o homem acredita que o sexo deve ser apenas realizado através da penetração, e elas acabam não falando nada para não "chatear" o parceiro. Uma vez uma amiga me disse que, "para a relação sexual acontecer, a mulher não precisa estar excitada, só o homem". Essa é uma ideia que precisa ser banida. Precisamos entender que, para a relação sexual acontecer, não basta apenas o consentimento da palavra "sim", mas também uma concordância psicológica e emocional de que você, mulher, realmente quer fazer parte daquilo – não por querer agradar o outro, mas principalmente por estar com vontade, por desejar aquilo. E sua vontade deve estar atrelada ao fato de você querer receber prazer da mesma forma que o parceiro, e não partir de um medo velado e vestido de consentimento. Não é apenas o "sim", o "estar de acordo", é o "fazer porque eu quero, porque me sinto confortável, porque isso vai ser tão bom para mim quanto para ele". É querer sentir prazer, saber como e o que pedir para que o sexo seja prazeroso para você, não só para "cumprir tabela".

Outra evidência de que a educação sexual é tão falocentrada – ou seja, focada no órgão sexual do homem – é que que apenas aprendemos a prevenir doenças ou até mesmo a gravidez com o uso de camisinhas masculinas, colocadas no pênis. Não existe uma educação sexual específica voltada para camisinhas femininas, que previnem doenças sexualmente transmissíveis e mantêm mulheres protegidas desses riscos, ainda mais quando falamos de sexo entre duas mulheres. A preocupação da saúde pública em relação a isso, até o momento, é muito menor do que em relação ao preservativo masculino, o que nos faz perceber como o entendimento da sexualidade está voltado para relações heterossexuais e relacionado ao controle da reprodução feminina (porque, teoricamente, só precisamos saber prevenir a gravidez numa relação heteroafetiva). Muitas mulheres, ao iniciarem uma relação sexual com um homem, ouvem dele a pergunta: "Você toma pílula?". Gravidez, em geral, é a única preocupação naquele momento. As pessoas se esquecem da possibilidade de transmissão de doenças no sexo desprotegido e os problemas que podem acarretar. Também já ouvi muitas histórias de mulheres que não usaram camisinha achando que o homem gostaria mais delas por isso. Por favor, não pense isso. Alguém que gosta menos de você pelo fato de você querer proteger a própria saúde não merece que você se importe. Use camisinha e proteja-se sempre.

Há outro dado que mostra o quanto a repressão da sexualidade e a falta de socialização de mulheres influenciam diretamente nosso comportamento sexual. Uma pesquisa feita em 2015 pela revista americana *Cosmopolitan* com 2.300 mulheres mostrou que 67% das entrevistadas já haviam fingido pelo menos um orgasmo com um parceiro ao longo da vida[1]. O curioso é que, na mesma pesquisa, 72% das mulheres disseram já ter tido relações em que os parceiros atingiram o clímax sem tê-las ajudado a chegar no mesmo ponto que eles – ou seja, eles gozaram e elas não. Aproximadamente 57% do total de entrevistadas afirmaram atingir o orgasmo "na maioria" das vezes ou sempre que praticam sexo, enquanto 95% acreditam que o parceiro atinge o orgasmo em todas as relações sexuais. A pesquisa também apontou que, além de o orgasmo nem sempre ser uma prioridade para as mulheres dentro de uma relação, 27% das entrevistadas atingiram o primeiro orgasmo entre 17 e 19 anos,

---

1. BRESLAW, Anna; KHIDEJEL, Marina; RUIZ, Michelle. "Cosmo survey: straight single women have the fewest orgasms". In: *Cosmopolitan*. Disponível em: <http://www.cosmopolitan.com/sex-love/news/a37812/cosmo-orgasm-survey>. Acesso em: 17 mar. 2018.

logo após a perda da virgindade. No caso de mulheres, a perda de virgindade está, em sua maioria, diretamente associada ao primeiro namoro que elas tiveram, que acontece nessa faixa etária. O que significa que um grande número de mulheres acabou tendo o primeiro orgasmo com outra pessoa, e não sozinhas, provavelmente porque não se estimularam anteriormente.

Esses números são preocupantes porque mostram que, no sexo, nem sempre existe a preocupação em relação ao orgasmo feminino. Muitas buscam o ato sexual em si apenas para satisfazer o parceiro, e isso é um tipo de violência que acontece e precisa ser debatido. Amigas já me relataram que, mesmo não conseguindo obter nenhum prazer através da penetração, acabaram se colocando nessa situação para agradar o parceiro, sem que ele tivesse qualquer preocupação de estimular o clitóris ou buscar outras formas de dar prazer a elas. Também sabemos que, com certa frequência, mulheres se sentem culpadas ao dizer "não" aos homens – seja em relacionamentos estáveis ou casuais –, pois acham que elas "devem" isso de alguma forma a eles, para que não fiquem "chateados". É muito problemática e errada a ideia de que mulheres devem transar com o exclusivo objetivo de fazer com que homens se sintam bem, deixando de lado nosso próprio bem-estar e nossa vontade. Precisamos nos respeitar e nos ouvir para saber se realmente estamos fazendo aquilo por vontade própria ou se estamos nos colocando naquela situação por outros motivos. Reforço que é mais importante entender o significado real do consentimento do que apenas dá-lo.

Na mesma pesquisa da *Cosmopolitan*, mulheres declararam que as formas como obtêm um orgasmo são:

- 39%: quando elas mesmas se masturbam;

- 20%: quando existe a penetração junto da estimulação do clitóris;
- 15%: quando existe a penetração sem a estimulação do clitóris;
- 12%: com sexo oral;
- 9%: com a mão do parceiro;
- 2%: quando o parceiro utiliza um brinquedo sexual nela;
- 3%: outros.

Aqui, percebemos como muitas mulheres não se sentem à vontade com um parceiro. Na maioria das vezes, parece não existir uma preocupação dele em dar prazer à parceira. E muitas mulheres ainda sentem vergonha na hora do sexo. Não só vergonha em relação ao ato em si, mas com o próprio corpo. Elas não se sentem seguras com a própria forma física e justificam que isso é um empecilho para atingirem o orgasmo, já que ficam preocupadas com o julgamento do parceiro em relação a seus corpos e às "imperfeições" que elas acreditam existir. Essa cobrança em relação à aparência da mulher na sociedade definitivamente influencia sua vida sexual.

A questão do orgasmo se relaciona também com a fala da antropóloga Mirian Goldenberg: "A mulher brasileira tem mais desejo em ser desejada do que em exercer o próprio desejo. Às vezes, se ela não está com tanto tesão, é mais fácil fingir que gozou do que arriscar perder algo que ela considera mais importante do que gozar".[2]

---

2. D'ELBOUX, Yannik. "Por que as mulheres ainda fingem orgasmo? Especialistas analisam". In: *UOL*. Disponível em: <http://estilo.uol.com.br/comportamento/noticias/redacao/2014/01/03/por-que-as-mulheres-ainda-fingem-orgasmo-especialistas-analisam.htm>. Acesso em: 17 mar. 2018.

Somos mais estimuladas a nos sentir desejadas do que de fato a sentir prazer. Vivemos em uma cultura que, ao mesmo tempo que reprime sexualmente as mulheres, diz que homens "não gostam de mulheres frias ou frígidas", então muitas querem sempre parecer "gostosas" e sedutoras o tempo todo, sempre dispostas a transar. E essas, muitas vezes, fingem orgasmo só para impressionar o parceiro e passar uma imagem de "fogosa". Ouvimos desde sempre que as mulheres têm libido mais baixa do que a dos homens, e muitas vezes acabamos aceitando essa ideia e a colocando como verdade universal. Justificamos a falta de conhecimento do nosso próprio corpo e das formas de ter prazer dizendo que nossa libido não é tão alta. Ou até mesmo, quando um parceiro demonstra atingir o clímax com facilidade, achamos que temos um problema com nosso corpo. Uma amiga certa vez me disse que achava que o clitóris dela tinha vindo com defeito, até que um dia ela se descobriu um ser sexual, depois de inúmeras tentativas. Precisamos refletir mais sobre essa questão da busca do prazer, principalmente sabendo que, com tanta repressão ao longo da vida e julgamentos externos, é difícil que tenhamos uma libido similar ou maior do que a de um homem que sempre foi estimulado ao prazer.

Precisamos também aprender a dizer "não" para evitar emoções negativas associadas à experiência sexual. Se não nos sentimos seguras ou confortáveis com uma situação, não precisamos levá-la adiante. Sentir pressão ou coerção para realizar um ato sexual deve ser visto como um problema que não deve ser ignorado. Temos que nos entender enquanto seres sexuais e descobrir também o nosso próprio prazer, antes de nos colocarmos como forma de obtenção sexual do outro. Priorize o seu prazer, acima de tudo, e tente descobri-lo e aperfeiçoar sua relação com ele. Você pode – e deve – sentir prazer.

69. Conheça melhor seu corpo e todos os seus ciclos.

Nós, mulheres, vivemos em meio a uma constante falta de informação sobre nós mesmas e nosso próprio corpo. Crescemos ouvindo sobre um suposto "jeito certo" de cuidar de nós mesmas, de nossos ciclos femininos, e passamos a adotar hábitos mesmo sem termos experimentado outros jeitos. Apenas recebemos essas orientações, sem entender em detalhes como funciona nosso corpo ou o que acontece com ele dia após dia. Isso porque, desde que nascemos, não somos incentivadas a nos conhecer, a nos tocar, a nos descobrir. Não sabemos os sinais que nosso corpo manda e, quando recebemos alguns deles, muitas vezes preferimos ignorar ou "acabar" com eles.

O funcionamento do organismo da mulher é um tema tão desconhecido que, nos comerciais de absorventes, somos sempre retratadas como uma mulher feliz que caminha sorridente na rua, de vestido branco. Se você menstrua, sabe que essa fase não tem nada a ver com isso – a última coisa que você quer usar é um vestido branco e nem sempre você está feliz e radiante. Ouvimos que nossa vulva é feia, que a vagina é malcheirosa, que devemos ter vergonha e medo dela. Nos comerciais de sabonetes íntimos, nos oferecem diferentes cheiros para "mascarar" nosso odor natural. Porque, segundo a sociedade, devemos cheirar a lavanda. Enquanto os corredores de produtos íntimos estão cheios de opções para a chamada "higiene feminina", nem sequer existe uma pequena sessão de produtos em supermercados ou farmácias para a higiene masculina. Parece que a higiene masculina limita-se a cabelo e barba, enquanto as mulheres são bombardeadas com produtos que prometem deixar a vagina com cheiro de flor campestre.

Além de tudo isso, as pessoas ainda usam nomes infantilizados para se referir à nossa genitália, como "pepeca", "menininha", "xoxota". Não podemos falar sobre vulva, clitóris, vagina, lábios porque é "errado", são palavrões. Não nos ensinam que nossa anatomia é incrível e que devemos nos explorar para que possamos nos descobrir e entender melhor nosso funcionamento. Que somos cheias de hormônios que nos deixam mal-humoradas, inconstantes, nervosas, tristes e sensíveis. Porque ser sensível é ruim, né? Não nos ensinam que não devemos ter vergonha de falar sobre nosso corpo. Você sabia que o clitóris é o único órgão cuja função exclusiva é dar prazer? São mais de 8 mil terminações nervosas ali, única e exclusivamente para nosso prazer. Se isso não é um presente da natureza, eu não sei como chamar, então. Você sabia que ele também se estende internamente ao longo da abertura vaginal até o períneo? Você sabe o que é períneo? Abra o Google agora e vá estudar sua anatomia, mulher!

Lembro-me da primeira vez que menstruei: foi na escola, durante a aula de educação física. Era tudo muito novo, mas eu já tinha sido alertada de que aquilo aconteceria, tanto por minha mãe quanto pelas aulas de educação sexual. Eu tinha só 10 anos e confesso que não foi o momento mais legal da minha vida. Até porque, quando você é criança e passa a ser cobrada a "ser mocinha", pode não estar pronta psicológica e fisicamente para isso. Nosso corpo – ou nossa maturidade e mentalidade – nem sempre acompanha aquilo que a sociedade cobra de nós. Eu me sentia uma criança presa no corpo de uma "mocinha". Nos dias seguintes após a primeira menstruação, acho que não estabeleci a melhor relação com aquela novidade. Comecei a me sentir limitada de alguma forma, porque não podia correr do mesmo jeito durante as aulas de educação física, por exemplo. Sempre ouvimos falar da "menstruação", mas, antes de ela chegar, não sabemos exatamente o que vai significar na prática. Não sabia que eu ia viver com medo de manchar a cadeira, a calça ou qualquer lugar onde eu sentasse, que ia ficar carregando absorventes para todos os lugares, ou que ia passar a correr mais devagar "naqueles dias", já que até então eu era a mais rápida no pique-bandeira. Com a menstruação, sentia também que meu corpo se transformava com o passar dos meses, e nem tudo era tão legal assim. Ninguém nos fala muito sobre o modo como nosso corpo começa a se transformar, a reagir, porque não somos estimuladas a conhecer nossa biologia tão a fundo. Somos ensinadas a não nos explorar, e então todo aquele conhecimento incrível sobre nosso corpo fica adormecido e dá espaço para o medo e para a vergonha.

Os meses foram se passando, e com eles vieram as temidas espinhas da adolescência. Eu tinha a pele oleosa e ela estava piorando cada vez mais. Fui na ginecologista, e a primeira coisa que ela me receitou foi anticoncepcional, porque fui diagnosticada com a chamada síndrome de ovário policístico, que costuma causar espinhas. Com 11 anos, já comecei a tomar pílula. Eu não sabia muito bem como aquilo agia no meu corpo nem quais eram os efeitos, já que eu não tinha muitas fontes a que recorrer e, sendo muito nova, nem tinha interesse em pesquisar a respeito. A médica também pouco me explicou. A única coisa que eu tinha era a promessa de que minha pele ia melhorar, e ainda viriam "brindes" como melhora da cólica, ciclo menstrual regulado e prevenção de gravidez. Eu tinha apenas 11 anos, mas já achava que aquilo seria uma vantagem de alguma forma.

É impressionante como receitam anticoncepcional para tudo – seja cólica, pele com acne ou ciclo desregulado –, sem que nos digam quais são os riscos associados ao uso constante do medicamento. Muitas pessoas acreditam que se trate apenas de uma maneira contraceptiva, mas a pílula vai muito além disso, tanto nas recomendações quanto nos efeitos colaterais causados pelo uso contínuo.

Ao longo dos anos, fui aos poucos me conhecendo melhor, colhendo mais informações sobre o ciclo menstrual e os anticoncepcionais. E, depois de ler relatos negativos sobre o uso e sobre os efeitos colaterais que causam em algumas mulheres , decidi que queria parar de tomar de uma vez por todas – contanto, é claro, que essa minha decisão tivesse algum respaldo médico. Mas não imaginava que esse processo seria tão complicado.

Fui primeiro a uma ginecologista para falar do assunto. Ela, de cara, já disse que a síndrome de ovário policístico não tem cura e só pode ser controlada por meio de tratamento – ou seja, segundo ela, eu teria que tomar anticoncepcional até a menopausa. Outra médica me disse o mesmo, mas receitou um anticoncepcional mais "fraco", para tentar solucionar minhas preocupações com os efeitos colaterais associados ao medicamento. Fui à dermatologista e ela disse que, para a oleosidade na pele, poderia me indicar um sabonete. (Eu não sei vocês, mas sei bem o que é uma pele oleosa e com espinhas, e a verdade é que só um sabonete não adianta nas épocas de crise.) Fui, então, à endocrinologista. Ela analisou um exame de ultrassom que eu havia feito e disse que ele não acusava mais síndrome de ovário policístico.

Eu repeti a ela o discurso da primeira ginecologista: "O ultrassom só não está acusando a síndrome porque estou tomando o medicamento que, teoricamente, controla e mascara o problema". Mas a médica afirmou que eu estava, sim, curada da síndrome. Saí de lá sem entender nada e sem saber o que fazer. Deveria acreditar nas ginecologistas e continuar tomando o remédio eternamente ou deveria me considerar curada e livre daquilo, podendo desencanar da pílula?

Senti uma frustração absurda de ir a tantos médicos sem conseguir encontrar uma solução que fizesse sentido para mim. Eu já ouvira relatos de outras mulheres que buscaram alternativas ao uso dos anticoncepcionais, mas não conseguia achar um médico que me ajudasse a me livrar deles (e seus possíveis efeitos colaterais) e ainda assim não destruir minha pele.

Uns meses depois de todo esse conflito, descobri que muitas outras mulheres se sentiam como eu, e que tinham passado por coisas semelhantes na busca por alternativas. A falta de informação não é uma questão só minha, é um problema geral. Certa vez, fiz um post em um grupo de Facebook que me deu mais força para continuar buscando respostas. Até que fui a uma última consulta com um ginecologista, já esperando ouvir o que eu vinha ouvindo havia anos. Mas ele me disse uma coisa muito importante, que nunca haviam me dito antes: "Você precisa parar de tratar seu útero e seus ovários como os grandes vilões da história, só porque a síndrome se manifesta através deles. Seu organismo é seu amigo e faz o possível para funcionar da melhor maneira possível. Reduza a alimentação gordurosa e você vai ver melhoras, porque a doença é influenciada pelas coisas que você come. Se exercite mais, tenha uma vida mais ativa, e tenho certeza de que verá diferenças significativas na síndrome e no seu corpo como um todo".

Isso me abriu os olhos em relação ao quanto nós achamos que nosso corpo é nosso inimigo e o quanto falhamos em estabelecer uma conexão positiva com ele, reproduzindo a ideia de que nossos hormônios só servem para nos deixar de TPM. Pela primeira vez, eu pensava diferente, porque o vilão não era meu corpo. Eu nunca havia deixado um ciclo ocorrer de maneira natural e não sabia mais como era uma menstruação natural.

Acreditamos por toda a vida que, porque menstruamos, produzimos hormônios que nos deixam sensíveis, chatas, emocionalmente frágeis e irritadiças. Que somos descontroladas porque somos mulheres. E sempre ouvimos termos pejorativos em relação a esse período. Em 2015, um comercial inclusive associou a TPM e as cólicas menstruais a "mimimi", dizendo que tal remédio faria seu "mimimi" ter um fim. Aprendemos que as manifestações de nosso corpo – a menstruação, a ovulação, as cólicas e tudo o que é natural – são coisas ruins, como uma maldição, e por isso o anticoncepcional é introduzido de maneira muito natural na nossa vida desde que somos novas. Às vezes, tomamos anticoncepcionais que inclusive cessam definitivamente a menstruação, para acabarmos com aquele processo de uma vez por todas.

O uso da pílula é tão difundido que algumas pessoas acham que, para começar a tomá-la, basta querer. É só pegar uma receita no ginecologista, comprar o medicamento e tomar, simples. As pessoas ignoram que muitas mulheres simplesmente não podem tomar a pílula por não se adaptarem ou não serem compatíveis com os hormônios de sua composição. Ou por simplesmente não quererem fazer uso de um medicamento contínuo que tem efeitos colaterais – risco de AVC e trombose, perda de libido, aumento de peso, para citar apenas alguns. Na cabeça de algumas pessoas, se você apresenta resistência em tomar o anticoncepcional, está pedindo para engravidar. Como se o único método de prevenção à gravidez fosse esse! Incentivadas por essa falácia absurda, muitas mulheres começam a tomar o remédio sem nenhum acompanhamento médico; simplesmente chegam na farmácia e compram, sem receita, uma marca de pílula indicada por uma amiga.

Vale lembrar que muitos homens pressionam a parceira para que ela faça uso do anticoncepcional como maneira exclusivamente contraceptiva, mesmo quando não existe uma indicação médica específica para aquela mulher, por qualquer outro problema de que ela se queixe – como a síndrome dos ovários policísticos. Os caras perguntam "Você toma pílula?" a fim de descartar o uso da camisinha na relação sexual, ignorando totalmente a prevenção contra doenças sexualmente transmissíveis. Já ouvi relatos de amigas que disseram que o namorado desconfiou da fidelidade delas só porque pediram que eles usassem camisinha, como se elas estivessem se relacionando com outros caras e estivessem suscetíveis a doenças. Ou os próprios parceiros se sentiram ofendidos por elas terem sugerido o uso da camisinha, mesmo em um relacionamento estável. "Mas você toma anticoncepcional, não toma? Para que camisinha?" Não caia nessa.

Durante os anos em que tomava anticoncepcional, nunca pesquisava nada sobre a menstruação. Não sabia nada de período fértil, ciclo menstrual, porque aparentemente tudo era controlado pela pílula e eu não precisava me preocupar. Fiquei anos negligenciando atenção e cuidado com meu próprio corpo por causa disso. E, principalmente, não deixei que meu corpo amadurecesse e não me permiti entender o que era meu ciclo e como ele funcionava.

Gostaria que alguém tivesse me dito no passado que eu não precisava considerar meu próprio corpo como um vilão e que eu não precisava ter vergonha de menstruar. Lembro que eu e minhas amigas levávamos o absorvente escondido até o banheiro para trocar, porque tínhamos vergonha de aparecer com ele na mão. Era um assunto megassecreto, escondido a sete chaves. E o medo de manchar a calça? De alguém fazer piada com a gente? Hoje eu vejo a menstruação como algo tão natural que fico pensando como eu gostaria de ter tido uma consciência diferente quando era mais nova. Se alguém me vê com um absorvente e faz piada, eu apenas tenho vontade de perguntar: "Você não sabia que eu menstruo?". É uma coisa tão natural que, sinceramente, não sei por que ainda tratamos como algo que precisa ser guardado e escondido. Na época do colégio, uma menina uma vez manchou a cadeira e aquilo foi um grande "escândalo" na vida dela. Fico pensando como nós assumimos como normal a vergonha que sentimos em relação a fenômenos do nosso próprio corpo. Precisamos entender que isso afeta diretamente nossa vida e a relação que estabelecemos com ele. Uma menina foi me pedir um absorvente um dia desses no trabalho e estava morrendo de vergonha de dizer a palavra em voz alta. Precisamos falar mais sobre isso e entender nosso próprio corpo e nosso ciclo, de uma forma que abracemos quem somos e tenhamos mais curiosidade de nos descobrir enquanto seres vivos e em transformação. Nosso corpo conversa conosco diariamente, mas muitas vezes é ignorado. Não podemos mais ter vergonha de compartilhar as experiências que vivemos e que somos.

Agora que estou em processo de me reconectar com meu próprio corpo e entender seus sinais naturais, venho buscando alternativas ao tratamento da síndrome de ovário policístico. Senti que eu precisava me dar essa chance e descobrir o que aconteceria, e parei de tomar anticoncepcionais. É importante lembrar que eu tive essa escolha já que não precisava tomar hormônios por nenhuma outra razão. Isso fez com que eu conhecesse melhor meu corpo. Eu te convido a tentar fazer o mesmo com o seu – não necessariamente em relação à pílula, mas com qualquer outra coisa que esteja relacionada ao seu processo de autoconhecimento e de respeito com seu próprio corpo.

70. Seja sincera consigo mesma. Permita-se mudar de planos.

Por muito tempo, tentei fugir de mim mesma e da minha verdade, e já mencionei em vários desafios o quanto isso me custou tempo, energia e alegria também, já que fazia com que eu me apagasse e me escondesse de quem eu era. Hoje vejo as coisas por outro ângulo e procuro sempre ser sincera com a pessoa que sou no atual momento, porque sei que não adianta mentir para mim mesma. Dentre todas as pessoas que você pode querer enganar, a única da qual você não vai conseguir esconder nada é você mesma. Pode ser que você queira fingir que não está vendo algo, mas não poderá evitar por muito tempo o elefante branco dentro da sala. E se enganar nem sempre é uma atitude racional, muito pelo contrário. Às vezes, preferimos acreditar em coisas que estão dentro da nossa cabeça por estarmos acostumadas com aquilo, ou porque nos encontramos em um lugar cômodo e seguro de alguma forma, como velhas ideias ou padrões que mascaram algo mais profundo.

Não se enganar significa estar consciente de quem você é naquele momento e o que quer. Pode ser que você não tenha uma resposta pronta para diversas questões agora, mas, se buscar bem lá no fundo e se permitir um tempo para que as respostas surjam de maneira natural, vai perceber que elas estão todas dentro de você, em algum lugar. E elas podem estar reprimidas por diversos fatores externos, como cobranças ou expectativas alheias, fazendo com que muitas vezes acabemos nem cogitando possibilidades simplesmente porque não são opções possíveis segundo o julgamento externo. Porém, você vai saber se estiver tentando se enganar, mesmo que bem lá no fundo, e isso pode te gerar consequências negativas no futuro.

Acho que ser verdadeira consigo mesma também passa por permitir-se mudar de planos quando for necessário. Talvez um plano que você tenha feito alguns anos atrás (ou até mesmo na semana passada) tenha que mudar, porque você deixou de ser a pessoa que o fez. Se você amadurece, é natural que seus planos mudem. E tudo bem mudar no meio do caminho, porque isso faz parte do nosso processo natural como seres humanos.

Quando aprendemos a nos ouvir e a conversar com nós mesmas com atenção e respeito, acabamos descobrindo novas informações no meio do caminho – e isso é lindo! É tão bom se descobrir e se encontrar! Deixe que esses pensamentos, ideias e descobertas fluam com naturalidade, porque você vai alterar suas perspectivas – e, assim, talvez sua jornada tome um novo rumo, inesperado ou até mesmo completamente oposto. Como comentei, isso faz parte do processo de amadurecimento, assim como penso que daqui a cinco ou dez anos vou olhar de maneira diferente para este momento, mesmo sabendo que agora estou fazendo meu melhor possível. Nossa perspectiva sempre vai mudar, e a tendência é que, quanto mais nos distanciamos dos acontecimentos, seja em espaço ou tempo, mais enxergamos os diversos lados de uma questão. Ao mesmo tempo, quando mudamos, a mundo à nossa volta

também muda com a gente. E espero que, a cada dia, você se permita mudar de ideia ou plano, porque permanecer estática não permite que caminhemos no processo de evolução pessoal.

71. Esteja atenta aos sinais que seu corpo e sua mente possam estar te mandando.

É impressionante como dificilmente prestamos atenção nos pequenos (ou grandes) sinais que nossa mente e nosso corpo nos mandam, como reação a acontecimentos cotidianos da vida – principalmente quando nossa relação com o corpo é de apagamento e invisibilidade, ou até mesmo de ódio. Por muito tempo, não me enxerguei em diversos sentidos e fugia até da minha imagem no espelho. Ou me via sem me enxergar. Sabe quando você olha, mas não vê? Já coloquei meu corpo em privação extrema, mesmo recebendo sinais de que aquilo não me fazia bem. Já fiz coisas que, no fundo, sabia que iam contra o que eu queria só para agradar os outros ou porque tive medo de dizer não.

O processo de reconhecimento desses pequenos sinais que você ignorou ao longo dos anos pode levar tempo. Acabamos nos acostumando com determinada situação e desaprendemos a prestar atenção em nós mesmas, porque não somos propriamente estimuladas para isso. Além disso, sempre nos colocamos tanta pressão para dar conta de tudo que realmente sobra pouco espaço para olhar para dentro. Porém, aprender a reestabelecer esse diálogo interno torna-se fundamental para que você possa se reconectar consigo mesma e manter-se alinhada em relação a seus sentimentos e vontades.

Ignorar os sinais que sua mente e seu corpo estão te mandando pode acabar te fazendo muito mal, porque seus desejos vão lentamente sendo podados e você se apaga. Deixe que essas manifestações tomem forma e aprenda como você pode naturalmente abraçá-las, sem julgamento. Pouco adianta saber ouvir os pequenos sinais da mente e do corpo se você ainda nutre pensamentos que vão reprimir as manifestações de alguma forma. Aprenda a ser mais receptiva com os sinais, porque eles geralmente possuem seus próprios motivos de existir. Não são infundados ou descabidos. Se você está se sentindo mal ou desconfortável com algo, aprenda a ser receptiva e compreenda os fundamentos dos pequenos ou grandes sinais que está mandando para si mesma.

72. Aprenda a dizer "não" quando você quiser – sem se sentir culpada por isso.

Nós, mulheres, somos ensinadas a quase nunca dizer "não". Isso porque precisamos agradar os outros, antes de cogitarmos a possibilidade de agradarmos a nós mesmas. Agradar o mundo passa a ser nossa prioridade, mesmo que isso signifique passar por cima do que queremos ou sentimos, simplesmente porque devemos ser gentis e amáveis, como se estivéssemos pagando um aluguel para poder existir. Às vezes, mesmo quando temos a coragem de falar "não" e expor nossa vontade para o mundo, acabamos sentindo culpa. É como se estivéssemos sendo egoístas de alguma forma, já que carregamos uma série de obrigações em relação aos outros, segundo imposições da sociedade.

Porém, falar "não" não é necessariamente egoísmo. Falar "não" é se respeitar também. É estabelecer seus limites pessoais – e deixar isso claro para o outro. Faça o exercício de começar a falar "não" – sem se sentir culpada por isso.

É importante perceber que, na nossa sociedade, o significado do "não" da mulher é sempre relativo – por exemplo, alguns homens pensam que basta um pouco de insistência para o "não" virar "sim", já que eles acham que a mulher em geral "se faz de difícil". Isso faz com que nosso "não" seja relativizado e nem sempre validado. Então, mesmo quando você se propõe a falar e deixá-lo explícito, ainda existe a ideia de que ele pode ser facilmente revertido.

Também existe a questão de que fomos "educadas" a nunca dizer "sim" de cara, porque isso nos faz parecer "fáceis". Mas também não podemos dizer "não", porque devemos aceitar o que nos é imposto e obedecer em silêncio. Além disso, é educado aceitar o que os outros querem, mesmo que o desejo do outro passe por cima de nós. Dá para perceber que não existe resposta certa nisso tudo? Para qualquer lado que olharmos, seremos julgadas por nossas escolhas – e nem sempre nosso "não" será respeitado. Mas ele deve ser exercitado, pois muitas vezes dizer "sim" apenas para agradar é uma grande violência contra nós. Pense um pouco sobre isso e comece a aplicar o "não" no seu dia a dia. Pode ser uma tarefa que demande energia e tempo, mas com certeza você vai aprender a dar mais voz a ele quanto mais você praticar. E, por favor, não se sinta mal por dizê-lo.

73. Separe um tempo especialmente para fazer o que você gosta.

Com as responsabilidades do dia a dia, às vezes acabamos nos esquecendo de dedicar um tempo especial para nós mesmas. Sabe quando nos permitimos parar por alguns momentos para renovar nossas energias, seja física ou emocionalmente falando? Esses instantes são cruciais para refletirmos sobre coisas importantes, porque nos ajudam a desligar a mente e o corpo daquilo que faz parte de nossa rotina ou de nossas obrigações. Esse é um exercício curto e simples, mas que pode facilmente ser esquecido no meio da nossa correria. Não o deixe de lado! Fazer coisas de que gostamos é como nos fazer um carinho e nos abraçar de alguma maneira.

Reservar um tempo para si mesma e se dedicar a coisas que a deixam feliz faz parte também do processo de cuidado e amor-próprio. Se você consegue reservar tempo para as pessoas que ama e fazer coisas para elas, deve fazer o mesmo exercício consigo mesma.

74. Exercite falar sobre coisas com as quais você não está acostumada, mas que são importantes.

Já criei um desafio para falar especialmente sobre o "não" e a culpa associada a ele (desafio 72), mas você já parou para pensar em tantas outras frases que não praticamos no nosso dia a dia, simplesmente porque aprendemos a aceitar tudo que nos é imposto, dado ou oferecido?

Parece besteira, mas acabamos negligenciando muitas dessas frases, mesmo quando sentimos que algo não está certo. Nós, mulheres, não somos estimuladas a entrar em contato com a nossa essência, a nos descobrir. Nem sempre conhecemos nossas vontades e, antes que estejamos sentindo alguma coisa, já estamos carregando a culpa, seja por querer demais ou não querer nada. Não somos estimuladas a conhecer nem nosso próprio corpo, a construir nossa autoestima, que dirá exteriorizá-las para o mundo. A sociedade diz "seja você mesma", mas, quando nos expomos e demandamos as coisas, ela nos empurra um "não, desse jeito não".

Elaborei uma pequena lista com algumas frases que você pode tentar aplicar em seu dia a dia. Vale também fazer agora o exercício de perceber como você se sente ao lê-las (experimente fazer isso em voz alta):

- "Não."
- "Isso me deixa desconfortável."
- "Não estou interessada."
- "Não quero fazer isso."
- "Você está me incomodando."
- "Por favor, pare."
- "Isso não é necessário."
- "Não é da sua conta."
- "Isso não me faz bem."
- "Não faça isso novamente."
- "Isso é importante para mim."
- "Isso me machuca."

- "Eu não aceito isso."
- "Isso não é importante para mim."
- "Isso é errado."
- "Não gosto quando você faz isso."

Pratique o exercício diário de aplicar essas frases sempre que sentir necessidade. Isso vai nos ajudar a nos respeitar, antes de querermos agradar os outros a todo custo. Você não precisa continuar passando por cima de si mesma. Sei que parece difícil, mas procure aos poucos, quando possível, aplicar essas frases curtas – elas podem fazer muita diferença na sua vida. Com o tempo, você vai se sentir mais confortável ao falar sobre coisas que te machucam, incomodam ou que são importantes para você.

75. Não se diminua para caber no espaço do outro. Seja você por inteira.

Uma vez ouvi uma frase que dizia que você deveria investir tempo e energia na sua própria carreira, porque ela não vai acordar um dia e dizer que vai embora ou que cansou da relação. Ela faz analogia ao fato de que muitas mulheres acabam focando tanto em relacionamentos amorosos que acabam se esquecendo da própria vida profissional, deixando-a em segundo plano. Até que um dia podem se deparar com o fim dessa relação afetiva e se encontrarem completamente sozinhas ou perdidas. E isso, na verdade, vale para todas as esferas da nossa vida, não só em relação à carreira. O que você deixou de lado para poder investir exclusivamente em um relacionamento? Sua família? Seus estudos? Seus amigos? Sua carreira?

Eu convido você a refletir se não está vivendo a vida de outra pessoa, deixando seus sonhos e ideias para escanteio. Pense nas relações que são importantes para você e se pergunte se não está fazendo pelos outros as coisas que você deveria estar fazendo por si mesma em primeiro lugar. O investimento que você faz em si própria traz um retorno direto e que não tem preço, principalmente porque você é a única que pode fazer determinadas coisas para si. Quando perceber que está fazendo planejamentos demais e vivendo prioritariamente a vida de outra pessoa, tente voltar o foco para você mesma e pergunte-se: O que é importante para mim? O que posso fazer por mim mesma agora para realizar meus desejos? Quais são meus planos pessoais? O que estou fazendo para atingi-los? Estou vivendo meu projeto de vida ou estou depositando toda a minha energia nos projetos dos outros?

Sei que, em relacionamentos, algumas concessões precisam ser feitas de ambos os lados, como uma mudança de cidade por conta do emprego de uma das pessoas, por exemplo. Mas é importante perceber se você não está apagando seus desejos, sonhos e vontades para viver totalmente os sonhos do outro. Pergunte-se o que vale a pena e se é isso mesmo que você quer.

Por incontáveis vezes, vi mulheres próximas a mim vivendo de forma totalmente apagada dentro de relacionamentos, como se não fizessem parte deles enquanto membros ativos, com sentimentos e vontades próprios. Algumas estavam completamente dependentes de uma resposta de outro alguém, sem nunca refletir a respeito do que elas queriam ou não: "Estou esperando ele me dizer se quer reatar o namoro". E eu pergunto: "Mas, mesmo que ele queira, o que VOCÊ quer? Está feliz com a relação que tinham, com a forma como as coisas eram?".

Acho importante lembrar que não devemos nos apagar em relação a nossos parceiros. Pense no que você quer também e não se faça menos importante em seus relacionamentos, sejam eles amorosos ou não. Até mesmo com amigos: já vi muitas mulheres deixando de se impor por se sentirem culpadas ou não merecedoras de coisas boas. Você importa e merece ser ouvida, independentemente da relação que esteja vivendo. Saiba se ouvir e não se diminuir para caber em espaços alheios, só porque é o que o outro está te impondo – ou por não estar preparado para lidar com o que você tem a oferecer ou por não querer. Não deixe de investir em sua vida por causa de outra pessoa.

76. Comece o dia mentalizando coisas boas. Passe alguns minutos assim.

Eu gosto de fazer este exercício logo que acordo porque acho que os primeiros momentos do dia são muito importantes para definirmos algumas questões que estarão presentes em momentos próximos e futuros. Sei também como pensamentos negativos nestes primeiros instantes da manhã podem acabar nos trazendo energias ruins e ideias que podem nos atrapalhar conforme as horas vão passando.

Quando percebo que isso pode acontecer, procuro pensar em coisas boas e passar alguns minutos refletindo sobre acontecimentos ou pessoas pelas quais sou grata, ou repito coisas positivas a meu respeito. Sei que é difícil, principalmente enquanto mulher, resistir diariamente à quantidade de cobranças externas para que eu esteja dentro de um padrão físico e de comportamento e para que dê sempre conta de tudo. Com certeza existirão muitos motivos que me farão querer desistir das coisas em que acredito e que acho importantes, e vozes internas que me dirão que não sou capaz ou merecedora. Por isso, procuro sempre pensar como nadar contra essa correnteza que quer me arrastar. Assim consigo preservar um pouco minha saúde mental, na medida do possível.

Nesse exercício matinal, repito a mim mesma que sou importante, que sou suficiente e grata pelas coisas boas – e pelas não tão boas também, porque ambas são importantes para meu crescimento. Essa mentalização me ajuda, sobretudo, a me sentir mais motivada para começar o dia, já que faz uma limpeza mental de alguma maneira, antes que pensamentos negativos ou sabotadores se instalem e passem a dominar minha mente.

77. Quando não puder mudar algo, mude sua perspectiva a respeito.

Já falamos aqui anteriormente sobre como é difícil aceitar que nunca conseguiremos ter pleno controle sobre todas as coisas que gostaríamos. Nenhum ser vivo possui tanto poder a ponto de conseguir controlar o mundo para que tudo aconteça conforme seu desejo.

A partir do momento que você entende e aceita as limitações sobre as coisas que não pode controlar, cria-se um impasse. Você pode optar por gastar tempo e energia reclamando daquela situação e se lamentando, ou você pode ressignificá-la e mudar sua perspectiva de alguma forma. Quando digo isso, a ideia não é que, de repente, você passe a achar que uma coisa ruim seja boa ou fingir que está tudo bem quando não está. Dar um novo significado para algo é passar a enxergar um fato ou circunstância de um novo ângulo, e para isso você precisa se mover do lugar em que está para enxergar aquilo de uma nova maneira, precisando às vezes se distanciar do fato.

Essa mudança de paradigma é importante, sobretudo, para aprendermos a lidar com a frustração, que é um processo inevitável ao longo da vida. Nós acabamos criando expectativas e, na maior parte das vezes, temos uma noção do que seria "ideal" acontecer, mas sabemos que as coisas nem sempre são exatamente como imaginamos, planejamos ou idealizamos.

Existem muitos fatores que influenciam os acontecimentos no geral, e nem sempre eles vão passar por você, muito menos estar 100% em suas mãos. Vivemos em sociedade, em um mundo em constante processo de transformação, e geralmente os acontecimentos dependem de fatores externos. Por exemplo, pode ser que você tenha planejado ir ao parque, mas agora tem que lidar com o fato de que começou a chover. Esse acontecimento não está sob seu controle. A partir disso, você pode lamentar o ocorrido ou, então, dar um novo significado a ele e partir para uma nova atividade, adaptando-se à sua realidade naquele momento.

Pense também em acontecimentos ruins ou coisas que te machucaram ao longo da vida e reflita como você pode dar um novo significado a eles, se possível. Algo que era apenas dor pode virar aprendizado; algo que era tristeza pode virar alívio depois de você perceber que a tempestade passou e você sobreviveu. Você pode ainda ressignificar o papel de uma pessoa na sua vida à qual talvez você tenha dado poder demais, e então mudar a partir daí.

Acho sempre importante esse tipo de exercício. Ele faz com que você procure mudar seu ângulo de visão propondo novas experiências a partir de coisas que você não pode mudar. Se não estiver nas suas mãos a possibilidade de agir rumo à transformação de algo, tente alterar sua perspectiva a respeito, já que isso pode trazer alívio de diversas maneiras – além de abrir sua cabeça para enxergar novos horizontes e se libertar de coisas que nem mais deveriam fazer parte de seu presente.

78. Saiba identificar quais são suas crenças limitantes sobre si mesma.

Todas temos crenças sobre nós mesmas, não é mesmo? São aqueles pensamentos que, aos poucos, vão sendo implantados no nosso subconsciente ao longo da vida. Seja pelas coisas que ouvimos, pelas experiências que passamos ou pelos rótulos que recebemos, acabamos alimentando crenças sobre quem somos. Porém, elas nem sempre são positivas ou sequer verdadeiras, principalmente porque nós, mulheres, somos ensinadas a nos sentir culpadas não apenas pelos nossos problemas, mas também pelos problemas do mundo. Sem contar os julgamentos constantes que recebemos das pessoas que tentam nos limitar, criando definições preconcebidas. É aí que aparecem as "crenças limitantes", aquelas que, como o próprio nome diz, realmente te limitam e te impedem de crescer ou de tomar atitudes ao longo da vida. Um pensamento como "Nunca serei boa o bastante" pode impedi-la de puxar uma conversa com alguém, por exemplo, ao mesmo tempo que pode sabotá-la diariamente ou levá-la a desistir de fazer as coisas por si mesma, o que vai certamente refletir em outras esferas da sua vida.

Pode ser um processo muito doloroso tentar perceber quais são suas crenças limitantes sobre si mesma, porque elas são feridas para as quais muitas vezes não olhamos e são entendidas apenas como inseguranças. É claro que uma crença limitante pode ser lida como uma insegurança, mas acho importante nomeá-las de uma maneira mais específica. Afinal, elas realmente a impedem de crescer e amadurecer e precisam ser combatidas de alguma forma.

Pensar que você não é nem nunca será capaz de realizar coisas pode te fazer desistir de uma carreira, de um sonho, de uma ideia ou até mesmo fazer com que você se afaste de pessoas que ama, porque, na sua mente, elas não merecem carregar um fardo como você. E essa pode ser uma percepção completamente distorcida da realidade, baseada em suas inseguranças pessoais.

Crenças limitantes são extremamente sabotadoras porque, muito além de serem inseguranças, elas fazem com que você cometa atitudes contrárias às que você gostaria de tomar (ou que deveria tomar), mesmo que você conscientemente saiba disso. Sem contar que, muitas vezes, estamos nos sabotando sem nem perceber – e passamos anos fazendo isso. Quanto antes você refletir sobre o que está te limitando internamente, mais cedo poderá pensar em maneiras de resolvê-las ou compreendê-las. Não ignore pensamentos que vêm e a puxam para baixo de alguma maneira, porque eles vão continuar vindo – caso você não faça nada a respeito.

Como mencionei, esse processo de reconhecimento das crenças pode ser doloroso porque envolve passar sobre suas feridas e pontos fracos, além de levá-la a revisitar momentos da sua história em que você pode identificar que acabou se sabotando por conta de crenças limitantes. E digo isso porque acredito que nós não "somos" nada 100% do tempo. Geralmente, visitamos sentimentos e atitudes que não nos definem, mas que fizeram parte de nós em algum momento da vida. Por exemplo, sentir insegurança não faz de mim uma pessoa totalmente insegura. A insegurança existe, mas também possuo momentos de confiança. Sentir tristeza não me torna uma pessoa infeliz o tempo todo, porque possuo alegria também. Estamos sempre passeando por sentimentos e sensações, e não é porque você está mais de um lado do que de outro que você é necessariamente aquilo. Permita-se "passear" pelos espectros e entender quais são as crenças e definições que a rotulam negativamente e a impedem de crescer.

79. Tenha paciência consigo mesma e seja menos autocrítica.

Acho que uma das partes fundamentais do processo de desenvolvimento da autocompaixão (que abordamos na Introdução) é ser mais paciente consigo mesma. Sei que, muitas vezes, acabamos nos apegando demais àquilo em que acreditamos que devemos ser ou fazer e então invalidamos qualquer coisa que esteja fora dessa idealização (que muitas vezes é inatingível). Quando você para e respira fundo, percebe que algumas coisas precisam ser manejadas com mais leveza e paciência, porque pouco se aprende ou se cresce com a ansiedade e a pressa.

É importante lembrar que nossos processos internos mais enraizados podem levar anos para ser detectados, já que nem tudo vem à tona tão facilmente, ou pode ser que até mesmo nós precisemos de tempo para resolver nossas próprias questões. Sempre que o ano vira, meu cérebro demora para atualizar essa nova informação e continuo escrevendo datas como se fosse o ano anterior. Se nossa mente demora um tempo para atualizar coisas tão simples como um ano que virou, imagine só o resto que fez ou ainda faz parte de você por toda a vida. Imagine como é para a mente criar novos conceitos, completamente diferentes daqueles em que você acreditou durante anos – e que a sociedade reforça todos os dias. Não dá para mudar tudo da noite para o dia, então é importante que você seja mais paciente e se permita ter seu próprio tempo e seu próprio espaço.

Além de paciência, é preciso exercitar também a luta contra a autocrítica. Tente pensar em como você conversaria com uma criança, por exemplo. Quão bom seria se, ao invés de críticas, você usasse uma linguagem que a abraçasse de alguma forma e servisse de incentivo para gerar uma real mudança? É fundamental que essa criança saiba que é querida e importante e que pode ser ouvida. Fazer críticas negativas pode causar efeitos contrários ao objetivo de fazer com que ela absorva informações ou se desenvolva. Busque fazer isso toda vez que perceber que está se criticando ou pegando pesado demais consigo mesma.

80. Saiba quando insistir, persistir e desistir.

Todas nós já passamos por situações em que havia a possibilidade de insistir, persistir ou desistir. Existem pessoas que insistem em relacionamentos, persistem em alcançar o inatingível e desistem de seus sonhos. Eu, até pouco tempo atrás, nunca tinha parado para pensar na diferença entre persistir e insistir – para mim, eram sinônimos –, até que percebi que há uma diferença entre ambos os conceitos.

Insistir é quando investimos nossa energia para alcançar um objetivo específico, porém sempre fazendo a mesma coisa, nunca procurando novas possibilidades ou diferentes formas de fazer algo. Você continua batendo na mesma porta, mesmo sem resposta, e assim segue no mesmo caminho, fazendo exatamente a mesma coisa. Nesses momentos, é importante que você seja racional e se questione: "Será que este é o meu caminho? Será que estou batendo na porta certa? Quanto de energia já coloquei nisso (e vou continuar colocando) a fim de atingir este objetivo específico?". É importante, nesses casos, que você reavalie a situação como um todo e pare para perceber se não tem investido energia e tempo em algo que definitivamente não te trará nenhum retorno.

Já quando falamos em *persistir*, a ideia é que você pense em diferentes estratégias para atingir seu objetivo. Você consegue perceber que insistir não foi suficiente, então procura formas inovadoras, que ainda não testou. Aquele objetivo continua sendo importante para você, mas você nota que novas estratégias devem ser colocadas em prática.

Acho que, em ambos os casos, é essencial uma constante avaliação do que está acontecendo, principalmente para que você perceba quais são as coisas que deveriam ou não demandar o investimento do seu tempo e energia. Quando você quer muito uma coisa, mas já insistiu e persistiu demais sem alcançar o resultado esperado, é importante fazer o balanço e repensar onde você quer continuar depositando seu estoque de energia. Às vezes, devemos perceber que algumas coisas podem não acontecer, mesmo que tenhamos um grande desejo dentro de nós, simplesmente porque não dependem apenas de nós.

Não estou dizendo necessariamente para *desistir* de um sonho, mas sim de coisas mais "simples" e que afetam nosso dia a dia, como um relacionamento, por exemplo. Muitas pessoas gastam um tempo e uma energia absurdos insistindo ou persistindo em relacionamentos que estão fadados ao fim, nutrindo uma expectativa eterna de que aquilo vai funcionar – e nem sempre vai, porque você não pode obrigar uma pessoa a querer o mesmo que você, ou cobrar a mesma dedicação de tempo e energia que você investe.

É importante que você procure sempre ser sincera consigo mesma e perceba, em qualquer situação da vida, quando faz sentido insistir, persistir e desistir, por mais que os processos possam envolver términos que causem em você um sofrimento momentâneo.

81. Corte pessoas tóxicas da sua vida. Não aceite determinadas coisas só porque se tornou um hábito.

Sejam amigos, parentes, conhecidos, colegas de trabalho ou parceiros amorosos, você pode estar convivendo com pessoas que não fazem bem a você e que acabam prejudicando sua saúde mental e sua vida no geral. São as chamadas "pessoas tóxicas", que podem se manifestar de diversas maneiras. Há aquelas que a puxam para

baixo o tempo todo, dizendo coisas negativas sobre você, levantando questões que te fazem mal ou procurando sempre cruzar seus limites de maneira desconfortável e prejudicial. Há também aquelas que dificilmente têm coisas boas a dizer ou que não buscam acrescentar nada à sua vida. Algumas pessoas tóxicas só querem saber do que podem tirar de você, sem dar nada em troca – seja no quesito emocional ou não. Outras apenas pensam nelas o tempo todo e acham que o mundo à sua volta é obrigado a cuidar delas de alguma maneira.

Nem sempre conseguimos perceber essas pessoas, porque achamos que tudo não passa da "personalidade" delas, e nada mais. Às vezes elas tentam justificar um comportamento abusivo dizendo coisas como "estou estressado, por isso estou agindo desta maneira". Acreditamos que não devemos nem conseguiremos mudar o outro. E, na grande maioria das vezes, realmente não temos esse poder. Além disso, muitas vezes aprendemos a aceitar o que vem dessas pessoas de maneira automática, simplesmente porque nos acostumamos com a situação. Porém, se você sente que esse tipo de relação não faz bem a você de alguma forma, é preciso rever se você quer que essa pessoa continue na sua vida ou não.

É importante perceber se está havendo uma troca positiva em suas relações (de carinho, companheirismo, amizade, cumplicidade e o que mais for importante para você) ou se você de alguma maneira está se sentido usada, como se a outra pessoa estivesse se aproveitando da sua atenção para descarregar em você todos os problemas e a negatividade dela. Você não merece vivenciar relações em que as pessoas a puxam para baixo ou a deixam desconfortável.

82. Existem muitas ideias boas dentro de você. Aprenda a enxergar seu potencial e ouça sua intuição.

Por muito tempo, achei que, dentre todas as pessoas do mundo, eu era a última que poderia saber o que era melhor para mim mesma, simplesmente porque não tinha confiança o suficiente para enxergar meu potencial e acreditar que meus sonhos e ideias eram válidos. Também achava que eu não sabia de absolutamente nada e que não poderia confiar tanto assim na minha intuição. Com o passar do tempo, aprendi a imensa importância de dar ouvidos às minhas próprias vozes internas, porque elas sempre tentam me dizer algo – muitas vezes, coisas extremamente valiosas.

Sempre tive muito medo de tomar decisões e acabava seguindo o que as pessoas esperavam de mim, porque confiava que os outros saberiam fazer as coisas melhor do que eu. É claro que é importante ouvir conselhos e a sabedoria de pessoas mais experientes, pois elas sempre têm lições importantes a ensinar. A chave, porém, é prestar atenção em como esses aprendizados que vêm de fora podem se encaixar na sua vida, sem ignorar sua realidade, sua intuição, e sempre lembrando que a resolução final é sua. Quem melhor do que você mesma para saber quais são as decisões que deve tomar? Sou a pessoa que mais profundamente me conhece, então devo ter algo de importante para ser considerado, sobretudo quando estou fazendo algo por mim mesma. Tomar decisões por si própria também significa ser mais responsável por si e bancar suas próprias ações e decisões, e isso faz parte do processo natural de crescimento.

Não duvide das decisões que você tomou nem as diminua, por mais que elas sejam doloridas no começo. Se você as tomou, é porque existe um motivo para isso, mesmo que você não o compreenda neste momento. Confie na sua intuição, acredite que você pode saber o melhor para si mesma. Talvez você não se lembre exatamente do motivo que a fez tomar determinada decisão, mas é essencial confiar que existiu uma razão. Lembre-se também de que algumas decisões podem te causar um certo desconforto no início, porque nem sempre vamos seguir pelo caminho mais fácil ou mais doce, mas confie que você tem, sim, potencial para ter ideias boas e saber o que é melhor para si mesma.

83. Você não tem que se explicar o tempo todo para as pessoas.

Quando eu era mais nova, vivia muito preocupada com o que as pessoas iam pensar de mim e como me julgariam a partir de meus atos. Por conta disso, gastava muito tempo e energia pensando em maneiras de justificar atitudes e decisões para os outros, sendo que muitas delas não diziam respeito a ninguém, apenas a mim.

É claro que vivemos em sociedade e precisamos comunicar decisões quando estas influenciam diretamente outras pessoas, mas estou falando de atitudes mais simples e cotidianas, ou até mesmo de grandes decisões em que a única pessoa a arcar com as consequências será você mesma. Já cansei de me pegar pensando em diferentes explicações sobre coisas que eu podia simplesmente ter feito sem precisar me justificar para o mundo.

Essa necessidade de estar o tempo todo se explicando para os outros vem principalmente de uma extrema insegurança, que leva você a achar que precisa de muitos argumentos para provar seu ponto de vista ou bancar sua decisão. Porém, às vezes, tudo o que você precisa é pensar: "Estou fazendo isso porque eu quero, porque é por mim".

Já cansei de me sabotar com questões, às vezes muito pequenas, tentando encontrar maneiras de me explicar para os outros, mesmo que não fosse questionada diretamente. Eu tinha uma explicação para tudo, antes mesmo de a pessoa ter tempo de perguntar ou notar algo diferente. Diversas vezes, podia ter economizado tempo e energia apenas respondendo que eu estava fazendo algo porque queria, e pronto.

Acho que existe um medo por trás desse tipo de comportamento que já tenta se precaver de qualquer crítica externa. Por exemplo, quando você muda de cabelo e, antes que alguém fale alguma coisa, diz que "só fez porque o salão tinha uma promoção". Esse tipo de atitude diminui os acontecimentos e feitos, como se você estivesse tentando se proteger de algo porque não consegue bancar que tenha feito algo por sua própria vontade. Se você quis pintar o cabelo de roxo, não procure uma justificativa sem sentido, com medo do julgamento alheio. Não se apague dessa maneira. Lembre-se sempre de que você não precisa se explicar ou justificar suas escolhas pessoais para os outros, porque você está fazendo as coisas por si mesma, e porque quer fazer.

Você não deve se sentir julgada pela maneira como vive sua vida. Se está feliz e não está machucando ninguém, viva livre.

84. Troque experiências pessoais. Você pode se surpreender muito positivamente.

Abrir-se com as pessoas pode ser amedrontador no começo, principalmente se você é muito fechada e nunca teve o costume de fazer isso. Não estou falando de se abrir totalmente para os outros, pois sei que existem coisas que não compartilhamos com ninguém e que acabam ficando só dentro da nossa mente. Mas um dos grandes aprendizados que o feminismo me trouxe foi o de trocar experiências pessoais, principalmente com outras mulheres.

Trocar experiências faz com que você perceba que não é a única que passa por uma série de questões na vida, e que não está sozinha. Você aprende como mulheres diferentes de você vivem e resistem, dia após dia, com suas próprias demandas e especificidades. Antes de eu saber que existem outras pessoas que passam por problemas semelhantes aos meus, achava que eu era um alienígena e que só eu passava por certas experiências.

A possibilidade de me abrir com outras pessoas também fez com que eu passasse a ressignificar o que eu antes via como fragilidade ou vulnerabilidade. Quando você compartilha seus medos e inseguranças, abre espaço para o que tem de mais humano, uma pessoa que é passível de acertos e erros, tristeza e felicidade, medos e frustrações, mas também momentos de segurança e realização.

Viver se escondendo e se guardando não ajuda a resolver os problemas, já que eles podem passar anos dentro de uma caixa e virar grandes questões no futuro, interferindo diretamente em nossa vida, nosso corpo e nossos pensamentos.

Trocar experiências também nos permite aprender novas formas de fazer as coisas ou entender diferentes vivências de mulheres que passam muitas vezes por situações que você nem imagina. Sempre me lembro da primeira vez que vi uma das minhas amigas. Tinha a impressão de que ela era a pessoa mais segura do mundo, cheia de amigos, realizada na carreira e na vida amorosa. Com o passar do tempo, quanto mais eu me aproximava dela, mais percebia o quanto podemos passar impressões superficiais para os outros, e que vamos muito além do que aquilo que as pessoas enxergam. Ao virar amiga dela, percebi que ela também tinha inseguranças, que estava passando por processos pessoais difíceis, que tinha frustrações com a carreira e a vida amorosa, e que não tinha tantos amigos como eu imaginava. Acho que temos essa impressão de que a grama do vizinho é sempre mais verde, mas tenho certeza de que se você passasse 20 minutos conversando com ele perceberia que nem tudo é tão perfeito assim.

Quando você se propõe a conhecer mais profundamente as pessoas, abre espaço para oferecer ajuda a quem você nem imaginava que poderia precisar. Da mesma forma, quando você se abre com alguém, pode receber ajuda de maneira inesperada também. E essa troca de empatia é maravilhosa e deve ser sempre estimulada.

A troca de experiências é uma maneira muito incrível de se conectar com os outros e também pode ajudar no seu processo de autoconhecimento. Procure fazer isso com mais frequência, sempre que possível.

85. Não desista de algo só porque as outras pessoas não entendem a importância disso para você.

Por falta de confiança em nós mesmas, acabamos muitas vezes buscando a aprovação de outras pessoas para que nossas decisões ou desejos sejam legitimados. Diferentemente da necessidade de se justificar (vista no desafio 83), aqui existe um sentimento muito mais intenso da busca de aceitação do outro, já que muitas vezes acabamos desistindo de coisas só porque as pessoas à nossa volta não entendem a importância delas para nós.

Por muito tempo, você pode tentar provar para os outros que determinado plano ou ideia são válidos ou importantes, mas pode ser que você nunca obtenha a aprovação de todas as pessoas à sua volta. Assim como em desafios anteriores, é preciso que você acredite que sua intuição muitas vezes sabe o que é melhor para você e que você tenha coragem de bancar isso e seguir em frente tomando atitudes rumo ao seu objetivo. Seja uma mudança de carreira ou uma escolha que tenha que fazer em qualquer esfera da sua vida, não desista disso só porque pessoas à sua volta, com expectativas muitas vezes limitadas, ditem o que você deve ou não fazer.

Sei que ter o apoio das pessoas facilita muito qualquer processo de tomada de decisão e a jornada também, já que o percurso pode ser tortuoso e difícil, e ter com quem contar ao longo da caminhada é incrível – e muitas vezes fundamental. Mas veja se essas pessoas estão de alguma forma te impedindo de crescer. Tente buscar novas influências que, mesmo de uma maneira racional, embarquem com você nas ideias em que você acredita (que muitas vezes podem parecer infundadas) e que te incentivem a colocá-las em prática.

Algumas das grandes ideias que mudaram o mundo foram consideradas "loucuras" ou "ambiciosas demais" num primeiro momento. Quando você se desapega dos julgamentos, externos ou não, consegue enxergar novas possibilidades nas suas ideias e sonhos, e as coisas passam a fluir melhor, abrindo espaço para que algo se concretize. Os medos e as críticas são deixados de lado, e você passa a prestar atenção em coisas que normalmente seriam ignoradas por parecerem irrelevantes. Muitas mulheres foram queimadas na fogueira porque pregavam a descoberta e a liberdade do próprio corpo. Galileu foi condenado pela Inquisição por defender que "a Terra se move e o céu permanece parado", fato que foi negado pela Igreja durante séculos. Eu poderia citar diversos outros fatos ao longo da História, mas isso tudo é para você perceber que nem sempre as pessoas vão entender o que é importante para você e que, às vezes, é preciso segurar firme naquilo em que você acredita para crescer e prosperar de alguma maneira.

86. Substitua o "E se?" pelo "Por que não?".

Como já comentei em vários desafios, sou uma pessoa que pensa demais nas coisas, mais do que deveria. Gasto muita energia desnecessária, uma vez que eu poderia estar focando muito mais em ações do que em pensamentos que não me fazem sair do lugar. Um exercício que me ajudou a ser mais ativa do que reflexiva foi substituir o "E se?" pelo "Por que não?". Calma, vou explicar a diferença.

O "E se?" traz uma lista infinita de possibilidades, e passamos um tempo absurdo pensando em todos os desenrolares de uma questão ou história, os quais existem apenas na nossa mente, de maneira completamente hipotética. O "E se?" pode ser útil se aplicado de maneira correta – ou seja, para você se precaver de uma enrascada –, mas o problema é que você pode se perder e ficar pra sempre pensando nas incontáveis possibilidades, sem que isso te ajude a tomar uma atitude em relação a nada. Aliás, ficar muito tempo pensando em infinitas possibilidades pode só gerar mais medo, uma vez que nossa mente é um tanto quanto imaginativa no quesito "criar realidades que não existem".

Quando você muda a chave interna e passa a perguntar "Por que não?", é como se ainda estivesse se preservando de alguma maneira, mas trazendo agora respostas muito mais valiosas do que aquela masturbação mental com infinitas situações hipotéticas – que, por fim, podem acabar nunca acontecendo.

Quando você se pergunta "Por que não?" diante de uma situação, obtém uma ideia muito mais simplificada como resposta do que se ficasse pensando em possíveis desenvolvimentos para um acontecimento. Por exemplo, se você se pergunta "Quero fazer tal coisa. Por que não?" e a resposta é "Não, porque isso vai influenciar negativamente minha vida e a vida das pessoas à minha volta", isso já auxilia na sua tomada de decisão. E, quando não tiver resposta para "Por que não?", significa que não existe um motivo real que justifique o "não" – ou seja, nada está te impedindo de prosseguir. O caminho está aberto para que você tome atitudes práticas em cima de um objetivo, trazendo muito mais energia e motivação para concretizar seus desejos.

Mudar essa chave traz muita assertividade para nossa vida, uma vez que paramos de construir muros imaginários que só existem na nossa mente.

87. Não finja que está tudo bem se não estiver tudo bem.

Acho que já mencionei algumas vezes aqui como foi um longo processo entender meus sentimentos e aprender a expressá-los para o mundo. Até hoje sinto que estou progredindo aos poucos em relação a isso, porque vira e mexe me deparo com minhas vulnerabilidades – e com a exposição delas para o mundo.

Com o passar do tempo, entendi quão importante era me posicionar, mesmo em situações "pequenas", mas que eram importantes para mim. Principalmente quando a questão envolvia dizer que não estava tudo bem. Por conta das nossas inseguranças e do medo de desagradar as pessoas à nossa volta, acabamos guardando os pequenos incômodos e fazendo a famosa "cara de paisagem" em várias situações cotidianas.

Sabe quando você se sente triste de alguma forma e tenta mascarar esse sentimento? Ou quando um parceiro ou pessoa próxima a você faz algo que te machuca e você acaba não deixando isso explícito? Ou quando alguém fala algo sexista e te diminui na frente dos outros, e você não responde só para não "causar um problema"? Entenda que se posicionar e ser a sua "advogada" nesses momentos não deve ser visto como algo negativo, nem você deve se sentir como se fosse briguenta ou chata por deixar explícito que algo não está te deixando confortável.

Em situações em que pessoas dizem coisas absurdas, costumo olhar profundamente nos olhos do outro e perguntar: “O que você quis dizer com isso? Pode explicar melhor?”. Muitas vezes, a pessoa não consegue explicar o contexto sexista do que julgou ser uma “piada” e acaba passando vergonha na frente dos outros. Ou, se você estiver com uma pessoa que fez algo que lhe causou desconforto, aprenda a comunicar esse desagrado de maneira objetiva e assertiva, para que um diálogo possa ser estabelecido, ajudando você a entender o que está acontecendo e ajudando a outra pessoa a entender o que você está sentindo.

Tenho certeza de que, se você praticar esse exercício, a sinalização vai se tornando cada vez mais natural e fluida com o passar do tempo. Você vai conseguir saber o que mexe com você – e como isso te afeta.

88. Passe mais tempo com pessoas que te fazem bem.

Por muito tempo, fui uma pessoa bastante fechada e achava que deveria ficar absolutamente sozinha, afastando qualquer um que tentasse se aproximar. Perdi muitas amizades ao longo do caminho porque tinha medo de me machucar, ou porque não me achava boa o suficiente para merecer a companhia dos outros. Até que, um belo dia, decidi parar de me privar de coisas que eu queria fazer e do contato com pessoas de quem eu gostava e passei a ser mais receptiva.

Assim, comecei a estabelecer mais conexões e fui aos poucos aprendendo a dividir minha vida e também a fazer parte das histórias dos outros. Com isso, percebi o quanto era importante estar na companhia de pessoas que me faziam bem, porque, enquanto seres sociais, precisamos estabelecer laços com o mundo ao nosso redor. Ao mesmo tempo, aprendi a perceber quem eram essas pessoas, porque nem sempre estamos atentas a quem está à nossa volta.

Estar com pessoas que te fazem bem e que se importam com você pode ajudar sua vida de diversas maneiras porque isso cria um ambiente mais positivo e melhor de se viver, mesmo quando você não está precisando de nada específico. Esse contato próximo possibilita uma série de experiências e sensações incríveis. Reserve sempre um tempo para esses momentos de escape e relaxamento, seja com amigos, familiares ou companheiros de trabalho. A vida ficará muito mais leve.

89. Não rumine sentimentos ruins.

Ruminar sentimentos ruins não necessariamente faz com que eles sejam superados. O grande problema desse tipo de comportamento é que ele a leva a reviver aquela mesma sensação por incontáveis vezes, e isso acaba sendo um veneno contra você mesma. Você não resolve o problema e só fica relembrando o sofrimento, o que não necessariamente vai fazê-lo passar.

Acho que um dos grandes problemas é quando começamos a racionalizar o que sentimos, o que acaba fazendo com que visitemos essas sensações com mais frequência do que se estivéssemos apenas as sentindo. Sei que não é tarefa fácil acabar com todos os problemas instantaneamente, e às vezes podemos precisar de tempo para resolvê-los dentro de nós mesmas. E tudo bem precisar de um tempo para isso.

Quando você perceber que está presa em alguma sensação ou pensamento como se fosse um disco riscado, pare para refletir sobre como você pode quebrar esse círculo vicioso que muitas vezes só está te fazendo mal, já que você acaba dando muito mais poder para ele do que ele realmente tem. É como se, inconscientemente, estivéssemos o tempo todo alimentando um monstro dentro de nós. Converse consigo mesma e com outras pessoas, analise suas sensações e pergunte-se se realmente vale a pena continuar ruminando essas ideias e sentimentos que podem não estar te fazendo bem. Lembre-se de que mais importante do que ficar refletindo sobre o que passou – e não pode ser mudado – é pensar como fazer diferente da próxima vez, ou o que se pode fazer para evitar que a mesma situação aconteça quando ela estiver sob nosso controle.

90. Seja a mulher da sua vida. Se você está procurando pela pessoa que vai transformar sua vida, dê uma olhada no espelho.

Por conta de uma cultura romântica baseada no fato de que somos seres incompletos e precisamos encontrar a "cara-metade", misturada ao fato de vivermos em uma sociedade machista que diz que mulheres devem almejar o casamento e a família, passamos muito tempo acreditando que pode existir um relacionamento amoroso pronto para "nos salvar" de alguma forma. Como se encontrar a "tampa de nossa panela" fosse um dos grandes objetivos da nossa existência, principalmente porque, como dizem, mulheres não podem ser solteiras por muito tempo ou vão ficar para "titias".

Seguindo esse tipo de pensamento, muitas mulheres acabam caindo em relacionamentos abusivos, simplesmente pelo medo de estarem sozinhas e serem julgadas pela sociedade. Ou então permanecem em relacionamentos que não necessariamente são abusivos, mas não proporcionam o que elas precisam ou desejam, e aí elas mantêm relações medianas, só porque acreditam que não merecem nada melhor do que aquilo.

É importante sempre lembrar que, por mais incríveis que relacionamentos amorosos possam ser, eles não vão salvar sua vida ou não são a resolução de todos os problemas. Pense que a pessoa que pode mudar sua vida, antes de qualquer outra, é você mesma. Você possui força e condições dentro de si para ser a mulher da sua própria vida. Invista em si mesma, lute por si, aprenda a se respeitar e a ser sua melhor companheira. Assim você nunca estará só. É preciso que você perceba que é dona de todas as ferramentas necessárias para começar sua própria revolução. Você é capaz.

91. Não romantize pessoas que machucam você. O amor não deve doer.

Recentemente passamos a ouvir muito o termo "relacionamento abusivo" – não porque ele não acontecia antes, mas sim porque cada vez mais as mulheres têm tido coragem de denunciá-lo publicamente. Você pode até não saber o que significa ou nunca ter passado por um, mas ele é mais comum e recorrente do que se pensa. Ou, de repente, você pode nem saber que passou por um – ou que está vivendo em um relacionamento abusivo neste exato momento.

Podemos explicar o conceito como "um relacionamento em que uma das partes exerce poder e controle sobre a outra", seja entre companheiros românticos ou até mesmo entre familiares e amigos. O controle é estabelecido a partir da limitação da liberdade do outro, física ou psicologicamente, e gera uma baixa na autoestima da pessoa que sofre o abuso. Na grande maioria das vezes, esse tipo de comportamento começa de maneira sutil e progressiva, por vezes até imperceptível. Porém, com o tempo, vai tomando novas formas e passa a crescer, causando a privação de uma das partes.

Quando eu era criança, lembro-me de ouvir ideias relacionadas ao amor que hoje se mostram bastante equivocadas, apesar de muito reproduzidas pela sociedade no geral, o que ajuda no processo de naturalização da violência em si. Eu tinha 10 anos, e um colega pelo qual eu nutria um carinho bem infantil começou a me provocar na escola, me dando apelidos pejorativos que me deixavam envergonhada e chateada – e ele sabia disso. Quanto mais eu pedia para ele parar, mais as ofensas aumentavam. Até que um dia uma menina me disse: "Ele te xinga porque quer chamar sua atenção. Ele faz isso porque gosta de você". Com essa ideia completamente distorcida de amor, mesmo ficando muito magoada passei a aceitar as coisas que ele fazia, porque eu pensava que ele tinha boas intenções, só não sabia demonstrar de outra forma o afeto por mim. Com o passar dos anos, esse tipo de pensamento acaba sendo internalizado por nós e o levamos para a vida adulta. Hoje olho para trás e penso: "Que diabos era essa noção de que alguém faz piada com você como sinal de carinho?".

Tenho certeza de que, quando uma pessoa gosta de você, ela quer seu bem, não seu mal. Precisamos parar de ensinar meninas que o carinho pode vir por meio de agressões verbais, porque isso ajuda a normalizar um processo que enfrentamos a vida toda: achar que merecemos o tratamento que recebemos (porque fizemos algo que desencadeou aquela ação do outro) ou que, na verdade, precisamos continuar dentro daquela relação porque a pessoa que nos faz mal na verdade quer nosso bem. A pessoa que quer nosso bem vai fazer o bem, ponto. Ninguém que gosta de nós *de verdade* faria algo para nos magoar, principalmente a partir do momento que descobre que gera essa negatividade em nós.

Há muitas questões que impedem que o relacionamento abusivo seja identificado. Além da baixa autoestima, da insegurança e da culpa exacerbada que muitas mulheres sentem – imaginando que aquele comportamento do parceiro é "justificável" por conta de algo que ela possa ter feito –, outro fato que impede o reconhecimento da situação é a ilusão de que o abuso vem apenas da violência física. As pessoas enxergam com mais facilidade o conceito quando existe uma agressão corporal, porque aquilo é visível e palpável. Mas o trauma, quando psicológico, fica velado e apagado, e muitas vezes acaba sendo muito maior do que o físico, já que fica marcado dentro de nós e acaba se refletindo em nossas relações, inclusive com nós mesmas. Todas deveríamos saber que não é necessária uma agressão física para configurar o relacionamento abusivo. Até porque, geralmente quando a violência chega a ser física, é porque já existiu um histórico de abuso emocional ou psicológico. E o problema é que essa violência física pode piorar com o tempo, gerando um real risco de vida para a mulher.

Nós, mulheres, fomos socializadas para esperar pela pessoa perfeita. Teríamos o privilégio de ser escolhidas por ela. Quando encontramos esse alguém, que diz que nos ama, temos a ideia de que devemos suportar tudo – tudo mesmo, inclusive violência – e de que seremos capazes de mudá-lo, porque com amor tudo é possível. Muitas vezes também acreditamos não merecer nada melhor do que aquilo, pois nunca seremos boas o suficiente para encontrar alguém bacana, e aí, para manter esse relacionamento, acabamos fazendo o possível e impossível pelo outro, inclusive passando por cima de nossos valores e desejos, apenas em busca da felicidade do parceiro.

Em agosto de 1973, na cidade de Estocolmo, Suécia, dois homens invadiram um banco para assaltá-lo e mantiveram quatro pessoas como reféns durante seis dias. Quando os policiais finalmente conseguiram ter acesso às pessoas e tentaram libertá-las, eles recusaram a ajuda e usaram o próprio corpo como escudo para proteger os criminosos. Depois que os reféns foram liberados, eles tentaram amenizar a culpa dos assaltantes. Esse evento deu nome à chamada "síndrome de Estocolmo", que é quando vítimas desenvolvem sentimentos de empatia por seus agressores, mesmo depois de terem escapado do "cativeiro" onde sua segurança física e mental estava em xeque. É como se a vítima, por um instinto de sobrevivência, tentasse se livrar de uma situação traumática buscando a forma que menos lhe apresenta danos psicológicos e físicos, para que sua integridade e sua vida não sejam ameaçadas, aliada a uma ideia de que não existe como sair ileso daquela situação – um medo implantado em sua mente pelo opressor. Nesse meio hostil, mínimas atitudes "positivas" por parte do violentador tendem a ganhar uma projeção maior e serem vistas pela vítima como um ato de bondade, o que faz com que ela crie sentimentos de identificação com ele, tentando conquistar sua simpatia e atenção.

Essa síndrome, é claro, não acontece apenas em casos de sequestros criminosos. Mas também no dia a dia de muitas mulheres que vivem em relacionamentos abusivos. Veja alguns sinais da síndrome na prática:

- existe um vínculo entre a vítima e o abusador;
- a vítima nega as violências ou ameaças, tentando racionalizar o sofrimento vivido;
- há uma sensação de "gratidão" pelas pequenas gentilezas demonstradas pelo abusador em relação à vítima;
- a vítima tem dificuldades de deixar seu abusador, mesmo depois de ter sido libertada daquela situação;
- a vítima passa a ver o abusador como alguém que quer protegê-la, e as pessoas de fora – como amigos, polícia ou familiares – são consideradas os verdadeiros vilões;
- a vítima enxerga o mundo a partir da visão do abusador e tenta entrar na mente dele para entendê-lo melhor;
- a vítima tenta deixar o abusador feliz para que não sofra novas violências;
- a vítima acredita que merece aquele sofrimento de alguma forma;
- a vítima tem medo de que o abusador volte a cometer uma nova violência, mesmo que ele tenha morrido ou esteja preso, e fica vivenciando esse medo repetidas vezes.

Como já comentei, um relacionamento abusivo não envolve apenas violência física, mas também psicológica – e esta, muitas vezes, acontece de maneira velada. Como, então, podemos identificar se estamos em um relacionamento abusivo – ou se alguém próximo a nós está sofrendo com esse problema? É importante analisar se, na avaliação final da relação (quando as partes boas e ruins são colocadas na balança), o saldo é positivo ou negativo. Você se sente bem com sua relação? Seus amigos e familiares acham que você não é mais a mesma pessoa de antes, ou acham que está se afastando deles? Você se sente fragilizada, culpabilizada, inferiorizada ou que perdeu parte de sua individualidade? Você sente medo dentro do seu relacionamento? Sente-se pressionada de maneira negativa? Essa relação é saudável e te traz benefícios ou te faz mal? Veja alguns indícios de que você pode estar vivendo uma relação abusiva:

- Seu parceiro te isola do convívio com seus amigos e familiares ou já pediu para você excluir determinadas pessoas de suas redes sociais?
- Ele te coloca em situações constrangedoras na frente de seus amigos ou familiares?
- Seu parceiro te coloca contra seus amigos e familiares?
- Ele a faz se sentir incapaz de tomar decisões sozinha?
- Julga suas decisões e faz você se sentir culpada por elas?
- Já controlou a roupa que você usa ou a fez se sentir diminuída pela sua escolha?
- Já te impediu de falar com certas pessoas?
- Desincentiva e diminui suas realizações, sonhos, objetivos e conquistas?

- Faz você acreditar que não é absolutamente nada nem ninguém sem ele? Que ele é a única pessoa no mundo que vai te amar, e ninguém mais vai te querer?
- Usa de intimidação, pressão, ameaças ou chantagens para conseguir as coisas?
- Tenta te proibir de fazer coisas de que você gosta?
- Durante discussões, fala constantemente que você está errada, mesmo que você acredite que esteja brigando por um motivo válido?
- Usa do fato de estar alcoolizado ou drogado para te humilhar e dizer coisas que te magoam?
- Exerce pressão sexual para que você faça coisas que não quer – ou ameaça terminar o relacionamento por conta disso?
- Faz você se desculpar por coisas que você tinha certeza que estavam certas? Ele costuma virar o jogo e te fazer sentir culpada?
- Faz chantagem emocional? Ameaça colocar a própria vida em risco caso você termine o relacionamento ou faça algo contra as ideias dele?
- Entra em contato várias vezes seguidas para se certificar de que você está no lugar que prometeu que estaria, só para ter certeza de que você não estava mentindo?
- Ele a faz se sentir inferior a ele, te chamando de "burra", "feia" ou qualquer outra ofensa, para que você acredite que ninguém merece uma pessoa como você?
- Faz você acreditar que tem que acatar tudo o que ele mandar, porque você é uma pessoa ruim e ninguém gosta de você?

- Tem vergonha de andar com você em público? Tem vergonha de te assumir perante outras pessoas?
- Culpa você pela forma como ele mesmo se sente? Culpa você pela forma como ele age?
- Faz você sentir como se aquela fosse sua última chance de ter um relacionamento com alguém, como se não tivesse para onde fugir?
- Depois de uma briga ou discussão, já te deixou em algum lugar para que você "aprendesse a não retrucar" e "refletisse sobre seu comportamento"?
- Quando ele faz algo de que você não gosta, chora para conquistar seu perdão, jurando que aquilo nunca mais vai acontecer, e aí comete o mesmo erro de novo?
- Já te empurrou, foi grosseiro, te agrediu – e ainda a fez sentir culpada por isso?
- Faz você deixar de ficar feliz por si mesma só porque ele não conseguiu a mesma coisa que você?
- Faz você se sentir culpada por estar feliz?
- É ciumento e possessivo e justifica esse comportamento dizendo que só faz isso porque te ama?
- Faz você se sentir tratada como um objeto, como se pertencesse a ele?
- Está sempre criticando algo em você? Seja seu cabelo, suas roupas ou suas ideias e decisões?
- Tem pavio curto, explode com facilidade, e no fim a faz se sentir culpada por tê-lo feito explodir?
- Está sempre culpando os outros, porque de alguma forma se sente injustiçado pelas atitudes alheias, nunca sendo o culpado por nada?

- Pune você por causa de atitudes suas de que ele não gosta? Deixa de ter contato emocional, físico ou sexual com você por causa disso?
- Faz você questionar sua própria sanidade mental a ponto de pensar que você pode estar ficando louca ou que está exagerando?

Agora, faço algumas perguntas importantes para você:

- Você pede desculpas pelo comportamento de seu parceiro para as outras pessoas?
- Seus familiares e amigos dizem que antes do relacionamento você parecia um girassol radiante, e que depois dele você ficou parecendo uma flor murcha?
- Você sempre faz o que a outra pessoa quer que você faça, ao invés de fazer o que verdadeiramente quer fazer?
- Você evita fazer coisas para não deixar seu parceiro com raiva ou evitar brigas?
- Acredita piamente que poderia fazer algo para mudar a outra pessoa, se você mudasse a si mesma primeiro?
- Você está com medo de terminar o relacionamento porque acha que ninguém mais vai te amar como seu parceiro te ama?
- Você se sente pressionada a continuar nessa relação por causa de um julgamento externo das pessoas e fica se perguntando: o que elas vão pensar de mim se eu fizer isso?

Você se reconheceu em alguma das situações acima? Se sim, melhor se cuidar e estabelecer um plano para sair desse relacionamento, seja pedindo ajuda externa ou não. A aceitação pode demorar e varia de pessoa para pessoa. Cada uma deve buscar dentro de si a força para descobrir qual vai ser seu próprio processo para se livrar da situação.

Existe um ciclo de classificação desse tipo de relacionamento que se repete insistentemente, dividido em 4 fases principais:

- *1ª fase*: Tudo parece perfeito no início do relacionamento e o casal está bem. Parece haver harmonia entre eles.
- *2ª fase*: A tensão entre os dois aumenta. Surgem as primeiras pequenas violências (físicas ou não), isolamento da vítima e chantagens emocionais.
- *3ª fase*: Acontecimento, quando a violência se concretiza e o abusador passa a controlar a vítima através do medo.
- *4ª fase*: Reconciliação, quando o abusador pede desculpas e diz que nunca mais vai fazer isso com a vítima, que está arrependido. A vítima acredita nas promessas de que a relação vai melhorar. Então, ela volta para a primeira fase, de lua de mel, onde tudo fica bem, e assim sucessivamente.

O fato de alguém te dizer "Eu te amo" ou te dar flores não pode ser para você um motivo de permanecer em relações abusivas, só porque elas apresentam um certo "conforto" em momentos muito específicos. Palavras ou presentes não substituem atitudes. Um gesto considerado "romântico" não anula o fato de que você pode estar sofrendo violência psicológica, física ou patrimonial. A seguir, vamos analisar alguns desses tipos de violência presentes em um relacionamento abusivo:

- *Violência física*: essa é a primeira que vem à cabeça das pessoas quando falamos de violência. Ela se refere a qualquer conduta que ofenda a integridade ou a saúde corporal da mulher. Pode ser através de tapas, empurrões, beliscões, chutes, socos ou pelo uso de armas. Segurar com força uma mulher ou arremessar objetos com a intenção de machucar também são considerados violência física.

- *Violência patrimonial*: compreendida como qualquer conduta que configure retenção, subtração, destruição parcial ou total de seus objetos, instrumentos de trabalho, documentos pessoais, bens, valores e direitos ou recursos econômicos, incluindo os destinados a satisfazer suas necessidades. Tem por objetivo dificultar o acesso da vítima à autonomia.
- *Violência moral*: qualquer conduta que configure calúnia, difamação, humilhação ou injúria contra a mulher. Acontece também quando um homem expõe a vida íntima do casal para outros ou vaza fotos íntimas nas redes sociais como forma de vingança, por exemplo.
- *Violência psicológica*: é um tipo mais difícil de ser percebido porque vem de comportamentos naturalizados dentro da nossa sociedade. É entendida como qualquer conduta que cause dano emocional, psicológico, mental, que diminua a autoestima da mulher ou que a prejudique e perturbe seu desenvolvimento pessoal. São atitudes que tentam restringir ou controlar suas ações, comportamentos, crenças, pensamentos, vontades e decisões, limitando o direito de ir e vir da mulher – por exemplo, proibindo-a de sair, deixando-a isolada da família e dos amigos ou vasculhando sua vida pessoal, procurando mensagens no celular ou e-mail. Elas acontecem através de ameaça, coerção, insulto, chantagem, ridicularização, constrangimento, humilhação, manipulação, isolamento, vigilância constante, perseguição e

exploração. No meio disso, existe o *gaslighting*, que é uma forma de abuso na qual o parceiro distorce fatos, omite informações ou simplesmente inventa coisas, tudo para deixar a vítima em dúvida sobre sua sanidade mental. Você começa a acreditar que é exagerada ou dramática, ou então que foi a verdadeira culpada pelo seu próprio sofrimento. Algumas frases que as mulheres costumam ouvir nesses casos são: "Você está ficando louca?"; "Você não tem senso de humor?", "Você está surtando por nada!", "Para de ser tão sensível!"; "Você está de TPM para agir assim?".

- *Violência sexual*: é aquela em que a mulher é obrigada a manter contato sexual por meio de força, intimidação, coerção, chantagem, suborno, manipulação ou ameaça, limitando assim sua vontade pessoal. Considera-se também violência sexual o fato de o agressor obrigar a vítima a realizar alguns desses atos com terceiros, sem que ela queira. Também engloba impedir uma mulher de usar métodos contraceptivos, como a pílula do dia seguinte, ou não usar a camisinha contra a vontade dela. Obrigar uma mulher a abortar também é outra forma de violência sexual.

Além desses tipos, podemos considerar também a violência simbólica, que é difícil de ser compreendida porque vem a partir da cultura machista e misógina em que estamos inseridos. Alguns exemplos:

- piadas relacionadas à capacidade e à inteligência da mulher;
- publicidade que objetifica a mulher e a coloca como inferior, reforçando que o único lugar possível para ela é a cozinha ou cuidando da casa e família;

- representação da mulher como objeto sexual;
- reforço do estereótipo negativo da mulher.

Alguns termos têm sido muito utilizados atualmente para explicar certos tipos de violências simbólicas e veladas que você possa estar enfrentando em seu dia a dia.

Mansplaining designa a situação em que o homem acha que a mulher não é capaz de entender determinado assunto pelo simples fato de ser mulher, ou quando ele acha que sabe mais do que ela sobre algo que ela explicitamente já demonstrou saber previamente – ou seja, quando um homem começa a explicar para uma mulher coisas que são óbvias para ela.

Manterrupting é outro termo usado para os momentos em que um homem interrompe uma mulher no meio de sua fala impedindo que ela termine seu raciocínio. Ele faz isso por achar que o que ela está falando não é importante (ou que ele sabe mais). É usado para tirar o espaço e a oportunidade de uma mulher se expressar.

E temos também o *bropriating*, que acontece quando um homem usa uma ideia de uma mulher e acaba levando os créditos por ela, simplesmente por ser homem – por exemplo, quando um colega de trabalho sugere a mesma ideia que você sugeriu previamente e é aplaudido, sendo que sua contribuição anterior não foi considerada.

É importante identificar esses tipos de comportamento porque eles podem passar despercebidos quando não temos a consciência de que eles existem – afinal, são tão comuns que costumam ser sempre aceitos pela sociedade. E precisamos notar não apenas se acontecem conosco, mas também com outras mulheres à nossa volta, que podem não perceber essas pequenas manipulações que sofremos. Nossa autoestima, que já é diretamente limada por diversos fatores, acaba sendo atingida também por essas "pequenas" coisas do dia a dia.

Assim, pare e pense se, de alguma forma, seu parceiro está tendo um comportamento abusivo de maneira velada. Veja alguns exemplos:

- ele diz que "você é empoderada demais" para ele e que sua independência assusta os homens;
- tenta impedir que você faça o que quer;
- fala "não namoro mina que..." (insira alguma ação aqui: anda de vestido curto, é feminista, anda com amigos homens, vai sozinha a festas);
- se sente "ofuscado" pelo seu sucesso ou não consegue ficar feliz quando você conquista as coisas;
- "perde o interesse" por você quando você se coloca em primeiro lugar – e a faz se sentir culpada por isso;
- faz você se sentir propositalmente culpada quando diz "não" a algo que ele pede;
- fala que você é "crítica demais" e que você "incomoda" pelo fato de não aceitar tudo;
- fala que "mulher que estuda muito fica chata";
- fala que você é "chata" e "seletiva demais" por querer um parceiro que se iguale a você – e ainda solta um "você nem é 'tudo isso' pra ser assim";
- não te incentiva a descobrir o melhor de si mesma;
- te afasta de suas vontades e sonhos a ponto de você passar a viver uma vida que não queria viver.

Se você marcou "sim" em mais de uma opção, está em uma relação abusiva – ou se você tem uma amiga que passa por isso, melhor avisá-la. Esse parceiro que faz alguma dessas coisas (ou mais de uma) tem na verdade a ideia de que você pertence a ele. E mais: acha que você não pode ser tão ou mais "incrível" do que ele, porque isso pode afetar a autoestima dele negativamente. Você tem sempre que ser sua melhor versão, e nunca o que o parceiro espera de você – principalmente quando isso significa passar por cima de seus próprios sentimentos, sonhos, desejos e sanidade mental/emocional. Não romantize quem faz mal a você, porque dentro de um relacionamento abusivo pode existir muita coisa, menos amor.

92. Saiba quando é o momento de se recolher e se dar um tempo. Descanse seu coração e permita que ele se acalme.

Conheço muita gente que, não intencionalmente, sempre se coloca em situações de risco emocional: engatam relacionamentos abusivos um após o outro ou se veem em repetidas situações em que prejudicam sua saúde mental e emocional em troca de migalhas. Sempre penso na importância de, além de saber aproveitar sua própria companhia, se permitir ter momentos de relaxamento e calma, sem grandes altos e baixos emocionais com pessoas que não te façam bem. É fundamental que você pare e perceba porque essas situações negativas acontecem tantas vezes e o que você pode fazer para mudar isso.

Muitas vezes, se recolher e reservar um tempo específico para si é necessário para que você consiga se recuperar internamente e se fortalecer de alguma maneira, trabalhando questões internas como só você consegue fazer. É se respeitar e saber quais são seus limites, ganhando um tempo para refletir e se conhecer mais. E isso não se refere apenas a relacionamentos amorosos, mas também a outras situações de muita pressão ou que estejam te gerando frustrações ou sofrimentos recorrentes.

Respeite quando seu corpo e sua mente estiverem pedindo uma pausa, e não enxergue isso como sinal de fraqueza ou vulnerabilidade. É importante saber abraçar esse seu lado também, porque ele existe e faz parte de você. Não adianta ignorá-lo, porque ele vai sempre acabar batendo na sua porta e se manifestando na sua vida.

93. Assuma a responsabilidade pela sua vida e decida quem você quer ser. Você está destinada a ser quem quiser.

Este é um exercício difícil, porém imprescindível. Nem sempre nos damos conta da responsabilidade que temos sobre nós mesmas e acabamos esperando que as decisões sejam tomadas pelos outros, simplesmente porque não queremos arcar com a possibilidade de falha decorrente de nossas próprias escolhas. Eu mesma já adiei tomar diversas decisões ou expor meus desejos e sonhos por ter medo de lidar com as falhas e frustrações que poderiam ser geradas a partir de meus atos.

Assumir a responsabilidade pela sua própria vida parece meio óbvio, já que, no final, somos nós que temos as ferramentas necessárias para tomar atitudes por nós mesmas, e ninguém mais tem as mesmas ferramentas que nós. Por mais que você conte com a ajuda de diversas pessoas ao longo da vida e dependa delas em diversos quesitos, é importante que você saiba da responsabilidade que possui consigo mesma – fora da pressão e da cobrança.

Lembre que a responsabilidade é algo conquistado. Quando somos crianças ou adolescentes, não estamos nem psicológica nem legalmente aptos a responder por nossos atos, e a própria lei assegura que alguém seja responsável por você. Porém, quando nos tornamos adultos, precisamos aos poucos conquistar a responsabilidade pela nossa própria vida, através de um processo progressivo que começa com atitudes pequenas até chegar a grandes passos. Se, adulta, você não consegue nem decidir sozinha qual sabor de sorvete quer tomar, e delega essa escolha a outra pessoa, está na hora de agir. É preciso aprender a tomar pequenas atitudes por si mesma – e, para isso, saber o que você quer ou do que você gosta.

Responsabilidade é conquistada, mesmo quando vem de nós para nós mesmas. Ser responsável por si é parar de dar desculpas e de enganar a si mesma, como se sempre estivéssemos buscando fatores externos que nos impossibilitam de assumir essa responsabilidade. É aprender a admitir o real motivo pelo qual você está evitando ou adiando algo, e não reclamar dos outros ou culpá-los por coisas que, na verdade, fazem parte de um processo seu interno de autossabotagem. Tenha disciplina e pratique sua própria responsabilidade. É um caminho que pode ser longo, principalmente se você não estiver acostumada a tomar as rédeas da sua própria vida, mas que no fim será muito benéfico para sua liberdade e autonomia.

94. Imagine uma vida sem amarras e exercite a frase: "O que eu faria se...?"

Sempre tento fazer este exercício quando estou perdida demais dentro de um problema que me fez afundar em mim mesma. Para enxergar uma ilha, é preciso afastar-se dela a fim de observar todo o seu perímetro. É o que tento fazer quando enfrento momentos desafiadores: me afasto um pouco de mim mesma para enxergar o todo com mais clareza.

Quando preciso tomar alguma atitude, mas me vejo com medo e insegurança, penso: "O que eu faria se não tivesse medo?". As respostas são sempre as mais puras possíveis, porque é quando me afasto do medo e consigo me aproximar da minha real essência e de minhas intenções verdadeiras que elas aparecem.

"O que eu faria se não tivesse medo de mudar de carreira?"; "O que eu diria para essa pessoa se não tivesse medo de ela ir embora?"; "O que eu faria no meu relacionamento hoje se deixasse de lado meus traumas com relacionamentos passados?"; "O que eu faria se soubesse que ninguém iria me julgar?". Pare e pense como seria essa sua versão sem medo ou cobranças. As respostas existem todas dentro de você, e ficam muitas vezes esperando o momento de você ouvi-las, pulando e gritando bem lá no fundo, mas geralmente abafadas pelo medo.

Se estiver em algum momento em que não consegue refletir ou tomar uma decisão, pergunte-se de maneira profunda o que faria nessas situações caso pudesse se livrar de tudo o que a impede de tomar uma decisão. Você pode se surpreender com as coisas que existem dentro de si mesma.

95. Aprenda a lidar com as críticas.

Ao longo de vários desafios, você aprendeu que não é possível controlar todas as situações à sua volta, que você não precisa ser o que as pessoas esperam de você e que é humanamente impossível agradar todo mundo. Agora, é importante que você aprenda a lidar de maneira amigável e sensata com as críticas. Quando digo isso, não significa que todas as críticas que chegarão a você serão facilmente absorvidas ou compreendidas, mas muitas vezes é preciso entender de onde elas vêm e o que se pode aproveitar delas.

É claro que existem críticas de natureza puramente negativas, que não oferecem nenhum saldo construtivo ou aprendizado real a você. Geralmente, críticas assim são proferidas com o único e exclusivo intuito de ofender e diminuir o outro, podendo vir acompanhada muitas vezes de preconceitos e julgamentos. É preciso que você tenha uma percepção mais aguçada para entender todas as críticas e filtrar o que deve ser ignorado ou levado adiante.

Por outro lado, há muitas críticas valiosas, que são aquelas que se apresentam de uma maneira construtiva. Nem sempre essas críticas construtivas vêm como algo prazeroso de se ouvir, mas é importante entender a necessidade delas. Como seres humanos (e principalmente mulheres), não somos ensinados a aceitar críticas.

Pelo contrário, é como se estivéssemos a vida inteira fugindo delas, já que seus efeitos podem ser devastadores ao nosso ego, que espera sempre uma certa harmonia com os outros, além da busca pela aceitação.

É preciso exercitar o aprendizado para que se entenda a diferença entre uma crítica construtiva ou não. Isso pode levar tempo e ser um processo difícil, já que temos a tendência de nos frustrar com as críticas de qualquer natureza que seja. Não é fácil ser criticado, principalmente quando existem fatores psicológicos e pessoais envolvidos no processo. Depois de entender a importância de críticas construtivas, você poderá aprender a lidar com elas. Não digo que será fácil, mas pense no quanto elas podem servir de aprendizado para que você melhore e evolua em algum ponto específico da sua vida.

96. Ouça pessoas que pensam diferente de você e esteja sempre aberta a aprender coisas novas.

Um dos movimentos mais importantes em nossa vida passa por entender que há universos diferentes dos nossos, com visões únicas e muitas vezes opostas às nossas. Quanto mais você ouve diferentes vivências, mais percebe que existem contextos e histórias que você nem fazia ideia que existiam. A partir do exercício de aprender a ouvir o outro e ter empatia, você descobre coisas novas e consegue se desconstruir também.

É claro que não estou me referindo a pessoas que pregam discursos de ódio, discriminação, exclusão, sexistas ou até mesmo criminosos, como no caso de discursos racistas, por exemplo. Abrir-se para o diferente não é aceitar discursos desse tipo, que pregam ódio a minorias e colocam em risco a vida física e mental de milhões de pessoas em todo o mundo. Quando você se propõe a sair de algumas "bolhas" em que está inserida, começa a ouvir novas opiniões e perspectivas sobre assuntos que já conhece, mas que podem te fazer enxergar novas dimensões e realidades – e inclusive ajudá-la a encontrar soluções em que nunca tinha pensado antes.

Saber ouvir novas histórias e ideias e aprender com elas é fundamental não apenas para seu desenvolvimento pessoal, mas também para que você entenda quem são aqueles que vivem em realidades diferentes e como você pode ajudá-los de alguma forma. Nossas diferenças nos fazem únicos e contribuem para nossa diversidade enquanto seres humanos. Esteja sempre atenta às diferentes realidades, próximas ou não a você – não feche os olhos para os outros e para o "novo".

97. Tenha coragem de ser quem você é, *just the way you are.*

Esta é uma tarefa muito complexa para mim, apesar de parecer um tanto quanto simples na teoria. Sua prática requer lembretes diários e doses intensas de constantes repetições, até que seja plenamente absorvida e, sobretudo, aceita.

Eu, que sempre tive muito medo de ser quem sou, acho que é preciso extrema coragem para ser quem você é. Coragem diária para dizer "não" quando você quiser, para comunicar seus sentimentos com precisão sem se sentir culpada, para tomar decisões com base no que você acredita, para confiar que você sabe o que é melhor para você. Eu poderia dizer que este desafio abrange muitos outros que já foram mencionados anteriormente, pois ele aborda a importância de lutar por aquilo em que você acredita, acima de tudo, a fim de se mostrar viva e presente dentro de si mesma como protagonista de sua própria vida.

Como eu disse, esta é uma tarefa difícil para mim, e imagino que também seja para muitas outras mulheres. Isso porque muitas vezes somos assoladas por um tsunami de inseguranças, como uma voz interna dizendo que nunca seremos boas o bastante para nada ou ninguém, ou que não somos capazes, ou que devemos nos esconder para não sermos julgadas. Sei que esses dias existem, e vão continuar existindo, porque ser mulher faz parte de resistir diariamente. É preciso coragem para ser mulher num mundo que nos diminui, que nos quer prisioneiras e não nos permite que sejamos capazes de nos amar plenamente.

Ter coragem de ser quem você é passa por aceitar que você não é perfeita, nem precisa ser. Não devemos perfeição a ninguém, e não estamos aqui com o único propósito de agradar o mundo ou carregá-lo nas nossas costas.

Aceitar isso diariamente pode parecer doloroso no começo, mas ao longo do processo vai se mostrando libertador, porque você pode gritar ao mundo: "EU NÃO SOU PERFEITA!". Buscar a perfeição é uma meta dolorosa demais e completamente inatingível – afinal, sabemos que não existe ninguém perfeito.

É preciso coragem para ser quem você é e para que se mostre plena e completa. Esse processo de aceitação pode demorar, mas o mais importante é que você lembre que ele vale a pena e que você não está sozinha nessa jornada. Estamos todas juntas.

98. Esteja com pessoas que são responsáveis emocionalmente em relação a seus sentimentos.

Já falamos anteriormente sobre como é importante estar perto de pessoas que nos fazem bem e respeitam nossos sentimentos e nosso espaço. Nesse sentido, acho essencial abordarmos aqui o conceito de "responsabilidade emocional", ou seja, quando o outro se preocupa com as emoções que sentimos, quer concordem com elas ou não.

Acredito que, independentemente de qualquer coisa, é fundamental que exista esse conceito de responsabilidade em relação aos sentimentos dos outros, seja amigos, familiares ou em relações afetivas. Ou seja, precisamos de pessoas que se importam com nossos sentimentos – não necessariamente concordando conosco o tempo todo, mas nos respeitando de alguma forma.

Pode parecer um pouco vago, mas tente pensar nas suas relações e em como você se sente dentro delas. Em diversas situações, já senti que eu era a única parte interessada em estabelecer laços ou me comprometer com alguém, e isso acabou me machucando, porque gerei expectativas irreais a respeito dessas relações. É claro que é importante ter empatia e perceber quando o outro lado simplesmente está passando por dificuldades, sem ter a menor condição de te oferecer nada, mas vale ficar atenta a relações que estão apenas dispostas a "cobrar", sem nunca estarem disponíveis para "trocar".

E quando falo de "responsabilidade emocional", não estou dizendo que os outros devem oferecer "disponibilidade plena" ou "fazer tudo por você sem nunca te dizer não", mas sim que devem se importar com o que você sente e estar dispostos a trocar experiências com você. Porque, afinal, é a troca que dá sentido às relações.

Assim, não se coloque em relações nas quais você é o único lado que se esforça, doa ou busca o outro, principalmente quando isso te gera incômodo ou te faz mal.

99. "Se ache" para não se perder nunca mais.

Quando era mais nova, detestava quando diziam que eu "me achava" por alguma razão. Esse era um termo pejorativo para dizer que eu estava sendo "convencida demais" sobre mim mesma. Depois que cresci e aprendi que muitas vezes mulheres são criticadas simplesmente por não se depreciarem, aprendi a tomar esse conceito como algo positivo. Principalmente porque sei como é difícil aceitar um elogio ao invés de tentar provar que a pessoa está errada ou me rebaixar de alguma forma.

Hoje, se escuto alguém dizer que "eu me acho", penso "que bom que eu me achei, porque ninguém vai fazer isso por mim". "Me achar" adquiriu então outro significado: o fato de eu ter me encontrado e de não querer me perder nunca mais de mim mesma. Ainda bem que eu me achei, e quero continuar me achando mais a cada dia.

100. Lembre que a autoestima e o amor-próprio são processos. Você vai ter que repetir os exercícios todos os dias.

Pronto, você sobreviveu aos 100 desafios. Nem acredito que chegamos até aqui e passamos todo esse tempo juntas, falando de tantas coisas incríveis e importantes. Estou muito feliz por ter dividido minha história com você e compartilhado situações e aprendizados que me ajudaram a mudar minha própria vida e ser mais dona de mim mesma.

Falamos muito sobre autoestima, coragem, respeito, culpa... Conversamos sobre alguns assuntos delicados, ou sobre os quais você nunca havia refletido. Ou, ainda, sobre temas que você tinha medo de compartilhar com alguém por achar que era a única pessoa no mundo que enfrentava certas dificuldades ou problemas. Não, você não está só.

Um de meus grandes intuitos aqui é mostrar que somos semelhantes em muitas de nossas questões pessoais. Quanto mais pudermos falar sobre elas, mais facilmente aprenderemos a lidar com nossos medos, inseguranças e estaremos mais preparadas para viver nessa sociedade que tanto nos impõe comportamentos e padrões, desconsiderando nossas particularidades. Você, eu e todas nós somos humanas, e estamos em constante aprendizado e evolução. Pare de pensar que não está pronta para evoluir ou mudar, e comece a fazer o que você *quer* fazer.

Tudo o que você leu até aqui deve ser aplicado diariamente em sua vida. Tudo bem se você precisar repetir alguns dos exercícios ou ler o livro de novo. Até mesmo mantê-lo no seu criado-mudo para recorrer a ele sempre que julgar necessário. Vale fazer anotações, sublinhar suas partes favoritas – e vir me contar tudo pelo nosso canal de comunicação nas redes sociais. Eu vou amar saber que você está procurando aplicar um conceito ou aprendizado adquirido.

Sei que pode parecer exaustivo, mas acho que esse processo de autoconhecimento não tem fim. Procure aproveitar o caminho da descoberta, porque é ele que vai marcar sua história de agora em diante. Lembre-se de que qualquer mudança faz parte de um processo – e cada pessoa constrói esses novos processos de um jeito, alguns mais rapidamente, outros mais devagar. De qualquer modo, o processo começa pela sua mente, quando você tem acesso a informações que lhe dão poder – como todos os exercícios abordados aqui. Tome mais poder e responsabilidade sobre si mesma e procure tornar-se essa pessoa tão incrível que você sonha um dia conhecer, porque pode ser que ela more aí dentro – e você nem saiba disso ainda.

Compartilhe os pensamentos com quem você acha que precisa de ajuda e, sempre que possível, empodere mais mulheres ao seu redor, não apenas duas. Esse é o meu propósito com este livro, e espero que agora você seja responsável por espalhar essas ideias. Seja também uma semente de mudança no mundo à sua volta.

INDICAÇÕES DE LEITURA

Se você gostou da experiência que passamos juntas com este livro e quiser ler mais histórias e compartilhar ideias sobre empoderamento feminino, veja a seguir algumas sugestões de livros e autoras que eu acho que podem ser incríveis.

ADICHIE, Chimamanda Ngozi. *Sejamos todas feministas*. São Paulo: Companhia das Letras, 2015.

ARRAES, Jarid. *Heroínas negras brasileiras em 15 cordéis*. São Paulo: Pólen, 2016.

ATWOOD, Margaret. *O conto da aia*. Rio de Janeiro: Rocco, 2006.

BEARD, Mary. *Mulheres e poder: um manifesto*. São Paulo: Crítica, 2018.

BEAUVOIR, Simone de. *O segundo sexo*. Rio de Janeiro: Nova Fronteira, 2016.

DAVIS, Angela. *Mulheres, raça e classe*. São Paulo: Boitempo, 2016.

Davis, Angela. *A liberdade é uma luta constante*. São Paulo: Boitempo, 2018.

Deram, Sophie. *O peso das dietas: emagreça de forma sustentável dizendo não às dietas*. Rio de Janeiro: Sextante, 2018.

Estés, Clarissa Pinkola. *Mulheres que correm com os lobos*. Rio de Janeiro: Rocco, 2014.

Friedan, Betty. *Mística feminina: o livro que inspirou a revolta das mulheres americanas*. Petrópolis: Vozes, 1971.

Gay, Roxane. *Fome: uma autobiografia do (meu) corpo*. São Paulo: Globo, 2017.

Goldenberg, Mirian; Iturrusgarai, Adão. *Tudo o que você não queria saber sobre sexo*. Rio de Janeiro: Record, 2012.

Hay, Louise L. *Você pode curar sua vida*. 103ª ed. Rio de Janeiro: Best-Seller, 2015.

Jesus, Carolina Maria de. *Quarto de despejo*. São Paulo: Ática, 2006.

Kahlo, Frida. *O diário de Frida Kahlo: um autorretrato íntimo*. Rio de Janeiro: José Olympio, 2012.

Kaur, Rupi. *O que o sol faz com as flores*. São Paulo: Planeta, 2018.

Lispector, Clarice. *Perto do coração selvagem*. Rio de Janeiro: Rocco, 1998.

Rhimes, Shonda. *O ano em que disse sim*. Rio de Janeiro: Best-Seller, 2016.

Sandberg, Sheryl. *Faça acontecer: mulheres, trabalho e a vontade de liderar*. São Paulo: Companhia das Letras, 2013.

SOLNIT, Rebecca. *Os homens explicam tudo para mim*. São Paulo: Cultrix, 2017.

VÁRIOS. *Capitolina: o poder das garotas – vol. 1*. São Paulo: Seguinte, 2015.

WINFREY, Oprah. *O que eu sei de verdade*. Rio de Janeiro: Sextante, 2017.

WINTERSON, Jeanette. *Por que ser feliz quando se pode ser normal?* Rio de Janeiro: Record, 2014.

WOLF, Naomi. *O mito da beleza: como as imagens de beleza são usadas contra as mulheres*. Rio de Janeiro: Rocco, 1992.

WOOLF, Virginia. *Um teto todo seu*. São Paulo: Tordesilhas, 2014.

YOUSAFZAI, Malala. *Eu sou Malala: a história da garota que defendeu o direito à educação e foi baleada pelo Talibã*. São Paulo: Companhia das Letras, 2013.

Continue espalhando estas ideias e dando força a este projeto de empoderamento feminino: se você gostou deste livro, indique-o para mais mulheres – e recomende a página Empodere Duas Mulheres a mais duas mulheres. Juntas somos mais fortes!